Margit Dietz/Johannes Glenk/
Inga Kellinghaus/Stephan Reuthner

Besser in Deutsch Klassenarbeitstrainer

Gymnasium

5. Klasse

Cornelsen
SCRIPTOR

Autoren dieses Bandes:
Margit Dietz, Johannes Glenk, Inga Kellinghaus und Stephan Reuthner sind erfahrene Gymnasiallehrer für das Fach Deutsch.

www.cornelsen.de

Bibliografische Information: Die Deutsche Bibliothek verzeichnet diese Publikation in der Deutschen Nationalbibliografie; detaillierte bibliografische Daten sind im Internet über http://dnb.ddb.de abrufbar.

Dieser Band folgt den Regeln der deutschen Rechtschreibung, die seit August 2006 gelten.

5. 4. 3. 2. 1. Die letzten Ziffern bezeichnen
13 12 11 10 09 Zahl und Jahr der Auflage.

Redaktion: Maria Bley, Baldham
Reihengestaltung: Torsten Lemme, Berlin
Umschlag- und Gesamtgestaltung: Dagmar & Torsten Lemme, Berlin
Illustrationen: Reinhild Kassing, Kassel
Druck und Bindearbeiten: CS-Druck CornelsenStürtz, Berlin
Printed in Germany
ISBN 978-3-589-22852-2

Gedruckt auf säurefreiem Papier,
umweltschonend hergestellt aus chlorfrei gebleichten Faserstoffen.

VORWORT

Liebe Schülerin, lieber Schüler,

dieses Arbeitsheft soll dir dabei helfen, dich gründlich auf Tests und Klassenarbeiten vorzubereiten, die in der 5. Klasse im Fach Deutsch anstehen.

Du findest hier zu allen wichtigen Themen Beispiele für Klassenarbeiten, mit denen du üben kannst. Suche dir das Thema aus, das als Nächstes in deiner Klasse überprüft wird.

Die Übungseinheiten haben alle denselben Aufbau:

1. **Thema der Klassenarbeit:** Worum geht es?
2. Hinweise für die **beste Vorbereitung:** Worauf kommt es hier an?
3. **Trainingsarbeit:** Mit welchen Fragen und Aufgaben musst du in dieser Klassenarbeit rechnen? Lies auch die Lösungshilfen und Tipps in den Kästen aufmerksam durch. Sie helfen dir, die Aufgaben richtig zu lösen.
4. **Testarbeit:** Hier kannst du überprüfen, ob du jetzt gut vorbereitet bist.

Vergleiche deine Ergebnisse der Trainingsarbeit mit den Lösungen im beiliegenden **Lösungsheft.** Die Bereiche, die du noch nicht so gut geschafft hast, solltest du noch einmal üben.

Zum Schluss kannst du wie im Klassenzimmer den Ernstfall proben und die Testarbeit bearbeiten. Bei jeder ist angegeben, wie viel Zeit du dafür hast. Achte auf die Uhr! Um dein Ergebnis auszuwerten, gehst du anschließend die Checkliste im Lösungsheft Schritt für Schritt durch und überprüfst, ob du bei deinem Text an alles Wichtige gedacht hast.

Mit dem **Kompetenztraining** am Ende des Heftes kannst du dich auf Schultests im Fach Deutsch vorbereiten.

Außerdem findest du auf den Seiten 5 und 6 hilfreiche **Tipps für gelungene Klassenarbeiten.**

Viel Erfolg!

Für gute Noten in Klassenarbeiten kannst du eine Menge tun. Auf diesen Seiten möchten wir Tipps geben, die dir bei jeder Klassenarbeit helfen. Lies diese Hinweise ruhig immer wieder nach, umso besser bleiben sie dir im Gedächtnis.

1. Was kommt dran?
Erkundige dich bei deinem Lehrer oder deiner Lehrerin genau nach dem Thema der nächsten Arbeit. Schreibe es dir am besten auf. Scheu dich nicht nachzufragen, wenn dir noch etwas unklar ist. Das ist meist besser, als Mitschüler anzusprechen, die vielleicht selbst nicht genau Bescheid wissen.

2. Wie planst du deine Übungszeiten?
Beginne etwa zehn Tage vor einer Klassenarbeit. Übe lieber öfter und dafür kürzer, 15 bis 30 Minuten reichen meist. Trage in einen Kalender die Übungszeiten ein, die am besten in deinen Tagesablauf passen – und halte dich daran! Vielen fällt es leichter, immer um die gleiche Zeit zu üben. Wenn du schon sehr viele Hausaufgaben zu erledigen hast, verschiebe das Üben auf einen anderen Tag.
Am Tag vor der Klassenarbeit kannst du deine Notizen oder Übungsaufgaben noch einmal überfliegen, du solltest aber nichts Neues mehr beginnen.

3. Was sollst du üben?
Halte dich nicht mit dem auf, was dir im Unterricht und bei den Hausaufgaben sowieso leicht fiel, sondern konzentriere dich auf das, was dir schwerer fällt. Mische nicht verschiedene Themen in einem Übungsgang, sondern bleibe bei einem.
Hänge einen Arbeitsplan mit allen Übungsschwerpunkten an die Wand und hake ab, was du bereits geschafft hast. Schreibe eine Testarbeit (zum Beispiel aus diesem Heft) in der gleichen Zeit, die du in der Schule für die Klassenarbeit zur Verfügung hast.

4. Wo übst du am besten?
Du brauchst einen ruhigen, aufgeräumten Arbeitsplatz, an dem du bequem sitzen kannst. Lege alle Arbeitsmaterialien bereit. Überflüssiges räume weg. Sorge dafür, dass du nicht gestört wirst. Es ist aber gut, wenn jemand in der Nähe ist, der dir bei Fragen helfen kann, deine Eltern oder ältere Geschwister zum Beispiel. Achte auf gutes Licht und frische Luft. Keine Musik und kein Fernsehen im Hintergrund!

5. Vor der Arbeit
Gehe am Abend vorher rechtzeitig ins Bett, damit du ausgeruht bist. Ein gutes Frühstück am Morgen macht dich fit für die Arbeit. Ziehe die Kleidung an, in der du dich besonders wohl fühlst. Manche nehmen einen Glücksbringer mit in die Schule, zum Beispiel ein kleines Stofftier. Achte darauf, dass du alles dabei hast, was du während der Arbeit brauchst: Schreibstifte, Ersatzpatrone, Taschentücher usw.

6. Während der Arbeit
Als Erstes schaust du, worum es in dieser Klassenarbeit geht. Verschaffe dir einen Überblick. Beginne mit den Aufgaben, die dir leicht fallen, und gehe dann zu den schwierigeren. Lies jede Aufgabe sorgfältig durch, bevor du sie bearbeitest, damit du genau weißt, was von dir verlangt wird. Fällt dir keine Lösung ein, lass diese Aufgabe erst mal weg und versuche es später noch einmal. Die Aufgaben mit den meisten Punkten sind besonders wichtig.

Wenn du nervös wirst, probiere diese Tricks aus:

- Setze dich aufrecht hin und schließe die Augen. Denke ganz fest an die Worte: Ich schaff das! Ich bin gut vorbereitet!
- Atme dreimal tief ein und aus und stell dir etwas Schönes vor.
- Massiere mit Daumen und Zeigefinger beide Ohrmuscheln von oben nach unten und wieder zurück. Danach fühlst du dich ruhiger und kannst dich wieder besser konzentrieren.

Achte auch darauf, sauber und ordentlich zu schreiben. Wenn möglich, lies am Ende der Zeit deine Arbeit noch einmal durch und verbessere Fehler, die dir auffallen.

7. Nach der Arbeit

Bist du mit deiner Note zufrieden? Herzlichen Glückwunsch! Dann hast du dich gut vorbereitet und weißt, wie du es auch in Zukunft machen kannst.
Ist deine Klassenarbeit doch nicht erfolgreich gewesen? Das ist schade! Versuche gemeinsam mit deinem Lehrer oder deiner Lehrerin, deinen Eltern oder auch selbst herauszufinden, woran es lag, damit es beim nächsten Mal besser klappt. Vielleicht musst du mit dem Üben früher beginnen oder besonders darauf achten, besser mit der Zeit auszukommen. Vielleicht passieren auch Flüchtigkeitsfehler, weil du den Text der Aufgabe nicht aufmerksam genug liest. Das kann man trainieren. Nutze die Fehler, die du gemacht hast, als wichtige Hinweise dafür, was verbessert werden kann. Denke daran, dass eine schlechte Note in einer Klassenarbeit zwar sehr ärgerlich ist, aber auch kein Grund zum Verzweifeln! Beim nächsten Mal gibt es schon eine neue Chance! Aber stecke dein Ziel nicht zu hoch.

Tipps für die Vorbereitung mit diesem Klassenarbeitstrainer

Mit diesem Arbeitsheft kannst du dich gezielt auf Klassenarbeiten im Fach Deutsch vorbereiten. Die fünf Trainings- und Testarbeiten geben Beispiele für typische Aufgabenstellungen. Mit ihnen kannst du herausfinden, wo du bei einem Thema noch Lücken hast, und dich dann beim Üben darauf konzentrieren. Gehe bei deiner Vorbereitung aber auch deine Hefteinträge und Hausaufgaben zum Thema noch einmal sorgfältig durch, denn jeder Lehrer und jede Lehrerin setzt eigene Schwerpunkte.
Bearbeite immer zuerst die Trainingsarbeit, denn jede Testarbeit baut auf den Inhalten der Trainingsarbeit auf. Besonders wichtig ist es, dass du jede Aufgabenstellung gut durchliest; du kannst das Wichtige auch unterstreichen. Beachte immer die Tipps und Lösungshilfen vor den Aufgaben und kontrolliere deine Lösungen. Falsche oder unvollständig gelöste Aufgaben solltest du später noch einmal wiederholen. Wage dich erst anschließend an die Testarbeit. Trainings- und Testarbeit solltest du aber nicht direkt nacheinander bearbeiten.
Lass dir beim Überprüfen der Testarbeit ruhig von deinen Eltern helfen, aber erst, nachdem du deinen Text selbst mit der Checkliste im Lösungsheft Schritt für Schritt abgeglichen hast. Andere sehen Ungereimtheiten meist besser als man selbst und können vielleicht noch Verbesserungsvorschläge machen.
Zusätzlich kannst du dich mit dem *Kompetenztraining* am Ende des Heftes auf übergreifende Schultests im Fach Deutsch vorbereiten. Im Lösungsheft findest du Angaben zur Punktzahl, die du dafür bekommst. So kannst du dein Ergebnis selbstständig einschätzen.

Thema der Arbeit
Zu Bildern eine Erzählung schreiben

Bei der Aufsatzform „Bildergeschichte“ wird eine Bilderfolge vorgegeben. Sie ist die Vorlage für eine Erzählung, die möglichst interessant und spannend zu lesen sein sollte.

So bereitest du dich vor
Mit den Aufgaben dieser Trainingsarbeit kannst du schrittweise wiederholen, worauf es bei einer Erzählung zu vorgegebenen Bildern ankommt. Die Bilder der ersten Aufgabe sind die Grundlage der Übungen dieser Trainingsarbeit. In der nachfolgenden Testarbeit kannst du dann selbstständig eine Geschichte zu einer Bilderfolge schreiben und anschließend überprüfen, ob du alles Wichtige beachtet hast.

Aufgabe 1
Nummeriere die Bilder so, dass eine sinnvolle Reihenfolge entsteht.

Lösungshilfe **Bildszenen schildern und verknüpfen**
Die Besonderheit bei einer Bildergeschichte ist es, dass einzelne Stationen des Geschehens durch die Bilder vorgegeben sind. Was vor und nach den dargestellten Situationen passiert, musst du dir selbst ausdenken und so darstellen, dass eine zusammenhängende Erzählung entsteht.

Aufgabe 2
Die Abfolge des Geschehens ist jetzt klar. Notiere nun auf den gepunkteten Linien in Stichpunkten, was auf jedem Bild zu sehen ist. Orientiere dich dabei am Beispiel zu Bild 2 und male dir aus, dass du selbst die Geschichte erlebst.
Notiere anschließend auf den gestrichelten Linien stichwortartig, was zwischen den Bildszenen geschehen sein könnte. Beachte auch für diese Verknüpfungen (V) wieder das Beispiel.
Ergänze dann einige Stichpunkte zum möglichen Ausgang der Geschichte.

Hinführung: *Treffen mit Freundin am Nachmittag;*
überlegen, was wir machen können;
Idee, Pepper, den Hund der Nachbarin, auszuführen; fragen nach

Bild 1: ....

....

....

V 1: --

Bild 2: *Hund läuft brav an der Leine; herrlicher Sonnenschein;*
spazieren an Wiese und Bach entlang;
bin stolz, weil Hund aufs Wort folgt; lobe ihn

V 2: --

Bild 3: ....

....

....

V 3: *können Leine nicht mehr festhalten, rutscht aus den Händen; falle nach hinten; Hund entwischt*

Bild 4: ....

....

....

V 4: ----------

Bild 5: ....

....

....

V 5: ----------

Bild 6: ....

....

....

Ausgang: ----------

Tipp Diese Stichpunkte sind eine wichtige Vorarbeit, um die Geschichte folgerichtig zu erzählen. Sie dienen als **Schreibplan** für die Erzählung.

Lösungshilfe **Lebendig erzählen – wörtliche Rede verwenden**
Eine Geschichte wird lebendig und anschaulich, wenn sie wörtliche Rede enthält. Füge darum passende Äußerungen in die Erzählung ein.

Aufgabe 3
Was mögen die Personen hier gerade sagen oder antworten? Notiere deine Ideen in den Sprechblasen.

Natürlich, Sie können sich auf uns verlassen!

Lösungshilfe Wörtliche Rede richtig verwenden
Achte bei der wörtlichen Rede besonders auf korrekte Zeichensetzung:
Ich schlug vor: „Fragen wir doch, ob wir Pepper ausführen dürfen!"
„Das ist eine gute Idee", stimmte Tina zu.
„Was für ein schöner Hund!", sagte ich. „Und er hat so ein weiches Fell!"
„Passt aber gut auf", ermahnte sie uns, „manchmal ist er eigensinnig."

Beachte Die Erlebniserzählung steht im **Präteritum** (Vergangenheit). In der wörtlichen Rede verwendet man aber das Präsens (Gegenwart), um das Gesagte so wiederzugeben, wie es geäußert wird.

Aufgabe 4
Ergänze die fehlenden Satz- und Redezeichen.

Los, wir müssen ihn suchen rief ich Mir war ganz mulmig zumute.

Was ist, wenn ihm etwas passiert Wir sind für ihn verantwortlich grübelte Tina besorgt Plötzlich spürte ich einen dicken Kloß im Hals Ein Jäger könnte auf Pepper schießen fuhr es mir durch den Kopf und Tierfänger gibt es auch, die herrenlose Hunde einfach mitnehmen

Aufgabe 5
Formuliere nun die Äußerungen zu einem der Bilder, die du in Aufgabe 3 notiert hast, als wörtliche Rede. Verwende dabei die Ich-Form. Schreibe die Sätze auf ein Blatt oder in dein Heft.
Beispiel: „Natürlich, du kannst dich auf uns verlassen!", versicherte ich.

Lösungshilfe Erzählerperspektive
Beim Erzählen kannst du in eine Person „hineinschlüpfen" und in der sogenannten **Ich-Form** erzählen.
„Wir könnten Frau Hubers Hund ausführen", schlug ich vor.
Möglich ist es aber auch, als Erzähler sozusagen „von oben" auf das Geschehen zu blicken und in der **Er-/Sie-Form** zu erzählen.
Fröhlich nahm er die Leine und schon zogen sie los.

Lösungshilfe Innere Handlung darstellen
Für deine Erzählung ist es wichtig, dass du das dargestellte Geschehen folgerichtig wiedergibst (äußere Handlung). Um sie aber lebendig und spannend zu gestalten, musst du auch erklären, was in den Personen vorgeht. Diese „innere Handlung" kann man durch Gedanken, Gefühle und Sinneseindrücke zum Ausdruck bringen.

Aufgabe 6

Ergänze weitere Gedanken des Jungen und des Mädchens zu Bild 3.

Ich kann ihn nicht mehr halten!

Beachte Auch Gedanken stehen in Anführungszeichen.
„Was tun wir, wenn er sich losreißt?", dachte ich besorgt.

Aufgabe 7

Ergänze bei diesen Gedanken die fehlenden Satz- und Redezeichen und überlege dir passende Begleitsätze.

Gott sei Dank, ihm ist nichts passiert!

Hier kann Pepper nach Herzenslust herumtoben!

Lösungshilfe Gefühle ausdrücken

Damit die Leser sich vorstellen können, was in den Personen vorgeht, solltest du Gefühle wie Freude, Angst, Erleichterung oder Ärger möglichst anschaulich schildern. Statt „Ich freute mich" kannst du z. B. schreiben: „Ich hätte die ganze Welt umarmen können!"

Aufgabe 8

In welchem Bild oder in welchen Bildern dieser Geschichte spielen diese Gefühle eine besonders wichtige Rolle?

Freude: *Bild 1, Bild 2,*

Erleichterung:

Angst:

Verzweiflung:

Aufgabe 9

Ordne den Gefühlen die passenden Wendungen zu.

Angst/Verzweiflung	Erleichterung	Enttäuschung

a) Mein Hals war trocken und wie zugeschnürt.
b) Ich biss mir auf die Lippen.
c) Ich zitterte.
d) Ich atmete auf.
e) Alles um mich herum begann sich im Kreise zu drehen.
f) Am liebsten hätte ich angefangen zu heulen.
g) Ich jubilierte innerlich.

Lösungshilfe Sinneseindrücke schildern
Wenn du neben Gedanken und Gefühlen auch schilderst, was die handelnden Personen mit den Sinnen wahrnehmen, wirkt das Erzählte besonders anschaulich. Achte auch hierbei auf lebendige und abwechslungsreiche Formulierungen. Statt „Ich sah das glänzende Fell" kannst du z. B. schreiben: „Sein Fell glänzte in der Sonne."

Aufgabe 10
Versetze dich in die Situation im Bild und notiere, was du in der dargestellten Situation wahrnimmst.

SEHEN	HÖREN
glänzendes Fell des Hundes	*Bach plätschert*

RIECHEN	SPÜREN
Blumen duften	*Wind streicht übers Gesicht*

Lösungshilfe **Aufbau der Erzählung**

Eine Erzählung ist in Einleitung, Hauptteil und Schluss unterteilt.
Die **Einleitung** der Geschichte sollte zielstrebig zum Hauptgeschehen hinführen und einige wichtige Angaben enthalten (*Wer* macht *was, wann* und *wo*?). Versuche möglichst lebendig zu beginnen, z. B. mit wörtlicher Rede.

Die Spannung steigt im **Hauptteil** langsam bis zu einem Höhepunkt an.

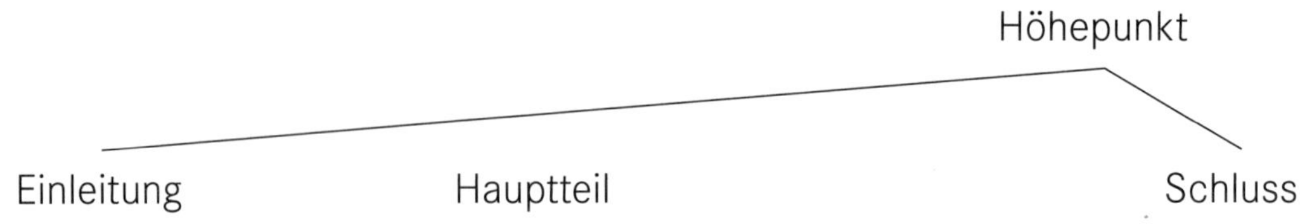

Der **Höhepunkt** ist der Kern der Geschichte und muss entsprechend ausgestaltet werden. Hierfür sind Dialoge und die Schilderung innerer Handlung besonders wichtig.
Danach sollte die Geschichte zügig zu Ende geführt werden. Der **Schluss** darf also nicht zu ausführlich sein. Vermeide hier die Darstellung langatmiger Gespräche und schreibe auf keinen Fall einen „zweiten Höhepunkt"!

Aufgabe 11

Die folgenden Einleitungen sind nicht so gut gelungen und haben verschiedene Schwächen. Lies sie und ordne dann die untenstehenden Einwände den einzelnen Einleitungen zu.

A Am Freitag hatten wir in der letzten Stunde Mathe. Das war langweilig! Daheim wartete Mama schon mit dem Mittagessen auf mich. „Die schmeckt mir nicht", sagte ich zu meiner Mama, als ich die vorbereitete Suppe sah. Ich aß sie dann aber trotzdem. Danach las ich ein wenig in einem Buch. Um drei Uhr kam Peter, denn wir wollten den Hund unserer Nachbarin ausführen ...

B Endlich hatten wir Frau Huber, unsere Nachbarin, davon überzeugt, uns ihren Hund Pepper anzuvertrauen. Wir wollten mit Pepper spazieren gehen, weil wir noch nicht ahnten, dass er davonlaufen würde. „Passt gut auf ihn auf!", ermahnte Frau Huber uns noch, bevor wir losliefen ...

C An einem schönen Sommertag wollten meine Freundin und ich den Hund unserer Nachbarin ausführen. Tina kam zu mir und wir liefen hinüber zu Frau Huber. Sie gab uns die Leine in die Hand und ermahnte uns am Gartentor noch einmal, gut auf Pepper aufzupassen ...

D Die Sonne schien und meine Hausaufgaben hatte ich erledigt. Ich fühlte mich großartig und war voller Tatendrang, sodass wir beschlossen, mit Pepper spazieren zu gehen. Also holten wir ihn ab und liefen los ...

---

a) Diese Einleitung wirkt recht langweilig. Sie macht eigentlich kaum neugierig auf die Geschichte. Trifft zu auf Einleitung

b) Diese Einleitung holt viel zu weit aus. Was dort erzählt wird, hat mit dem eigentlichen Erlebnis gar nichts zu tun. Trifft zu auf Einleitung

c) Diese Einleitung wirft Fragen und Unklarheiten auf, weil einige wichtige Informationen für den Leser fehlen. Trifft zu auf Einleitung

d) Diese Einleitung verrät schon zu viel. So kann die Geschichte kaum mehr spannend werden. Trifft zu auf Einleitung

Aufgabe 12

In der Geschichte vom verschwundenen Hund liegt der Höhepunkt bei Bild 5. Sammle Ideen, wie du die Suche nach dem Hund spannend und lebendig ausgestalten kannst.

GEDANKEN

„Wo kann er nur sein?"
„Was, wenn ein Jäger auf ihn schießt?"

GEFÜHLE

Verzweiflung stieg in mir auf.
Ich konnte meine Tränen kaum noch zurückhalten.

Wir suchten den Hund.

SINNESWAHRNEHMUNGEN

Im Gebüsch knackte ein Zweig.
Ein heftiger Windstoß fuhr mir durchs Gesicht.

DIALOGE

„Da! Hast du das gehört?", fragte Tina plötzlich. „Ja, hinter dem Busch raschelte etwas", flüsterte ich zurück.

Lösungshilfe Treffend und abwechslungsreich formulieren
Damit eine Geschichte nicht langweilig wirkt, ist es notwendig, bei Verben und Adjektiven auf Abwechslung zu achten und Wortwiederholungen zu vermeiden.

Aufgabe 13
Finde selbst möglichst viele Formulierungen, die du statt „gehen“ verwenden kannst, um eine Bewegung auszudrücken.

laufen, marschieren, schlendern, ______

______

______

______

Aufgabe 14
Finde verschiedene Verben, die jeweils zu den folgenden Äußerungen passen.

a) „Bleib hier!“, ______ ich.

b) Ich ______: „Warum hast du die Leine nicht besser festgehalten?“

c) „Ein Tierfänger hat ihn erwischt“, ______ meine Schwester.

d) „Das wird Ärger mit Frau Huber geben“, ______ den Tränen nahe.

e) Ich ______ „Da bist du ja, Pepper!“

Aufgabe 15
Setze anschauliche und treffende Adjektive in die Lücken ein.

„Wir müssen Pepper einfach finden!“, dachte ich ______. Immer wieder durchsuchten wir das ______ Gestrüpp. Wir riefen nach Pepper und lauschten ______. Als Antwort erhielten wir aber nur das ______ Zwitschern der Vögel. Mir kam ein ______ Gedanke ...

Du hast 60 Minuten Zeit.
Angefangen um: Beendet um:

Thema der Arbeit
Zu Bildern eine Erzählung schreiben

Aufgabe
Verfasse zu dieser Bilderfolge eine spannende und anschauliche Erzählung. Wende dabei das an, was du in der Trainingsarbeit geübt hast.
Erstelle zuerst einen Schreibplan und notiere Stichpunkte zu den einzelnen Stationen des Geschehens.

So kannst du deine Arbeit auswerten

Um dein Ergebnis zu überprüfen, kannst du anschließend die Checkliste im Lösungsheft Schritt für Schritt durchgehen. Wenn du feststellst, dass du in deiner Erzählung etwas Wichtiges vergessen hast, ergänze es noch.

Thema der Arbeit
Eine Reizwortgeschichte schreiben

Bei der Aufsatzform „Reizwortgeschichte“ musst du aus einzelnen Wörtern - meist sind es drei - eine spannende oder lustige Erzählung machen. Hier geht es darum, eine *spannende* Geschichte zu schreiben.

Wie bereitest du dich vor?
Die Aufgaben dieser Trainingsarbeit sind so aufgebaut, dass sie die Vorarbeiten für eine Reizwortgeschichte bilden. Die drei Wörter der ersten Aufgabe geben das Grundgerüst vor, aus dem sich die Übungen entwickeln.
In der anschließenden Testarbeit kannst du eigenständig eine Reizwortgeschichte verfassen.

Lösungshilfe **Das Thema erschließen**
In der Reizwortgeschichte müssen die vorgegebenen Wörter eine wichtige Rolle spielen. Ihre Reihenfolge kannst du auch verändern, wenn es dir notwendig erscheint.
Überlege dir zuerst, welcher Zusammenhang zwischen den Wörtern bestehen könnte.

Aufgabe 1
Wegen einer Störung des Radioempfangs kannst du von dieser Meldung nur einzelne Wörter verstehen:

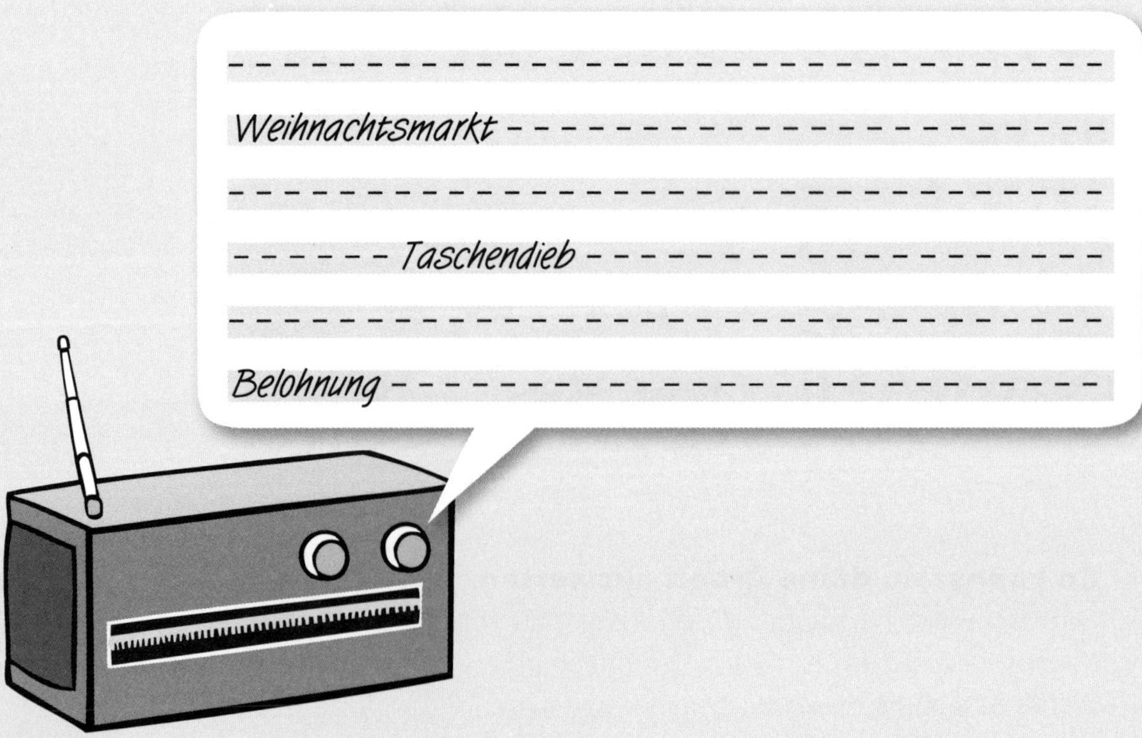

Welche Geschichte könnte sich hinter den Teilen der Meldung verbergen? Manche der folgenden Begriffe bilden sinnvolle Verbindungen zu den Reizwörtern, manche nicht. Streiche die Wörter durch, die dir nicht passend erscheinen.

Weihnachtsmarkt • *Gedrängel* • *Plätzchen* • *eiskalt* • *Bank* • *träumen* • *Bratwurstbude* • *Straßenbahn* • *Dämmerung* • *sich ärgern* • *Geldbeutel* • *Musik* • *Handtasche* • *tanzen* • *offen* • *stehlen* • *rote Mütze* • *schnell verschwinden* • *Kerze* • *Menschenmenge* • *Schneeflocken* • *dicht* • *Schreck* • ***Taschendieb*** • *Kugelschreiber* • *Geschrei* • *12-Jähriger* • *verfolgen* • *Weihnachtsbaum* • *knapp entwischen* • *Handschuhe* • *Randstein* • *stolpern* • *Schokolade* • *festhalten* • *Lehrer* • *Jubel* • *Polizei* • *Sterne* • *Reporter* • *stolz* • *berichten* • ***Belohnung***

Tipp Bei einer Klassenarbeit kannst du ähnlich vorgehen. Überlege dir zuerst, wie die Reizwörter zusammenhängen könnten, und notiere passende Stichpunkte. Mit einem solchen „roten Faden" bleibt man nah am Thema.

Lösungshilfe Die Erzählung entwerfen
Die Liste sinnvoll zusammenhängender Begriffe bildet ein erstes Handlungsgerüst. Aber eine vollständige Erzählung muss noch mehr Einzelheiten enthalten. Damit du nichts Wichtiges vergisst, kannst du dich an den sogenannten **W-Fragen** orientieren.

Aufgabe 2

a) Finde zunächst die Fragewörter und ergänze sie.
b) Ordne diesen Fragen nun auf den gestrichelten Linien passende Informationen aus Aufgabe 1 zu.
c) Ergänze anschließend auf den gepunkteten Linien weitere eigene Gedanken, die deine Geschichte spannend und lebendig werden lassen.

W ______ findet das Ereignis statt und was ist das Besondere an diesem Ort?

-

-

....

....

W ereignet sich das Geschehen und wie viel Zeit nimmt es in Anspruch?

W ist die Hauptperson und welche anderen Personen sind wichtig?

W passiert, von welchen Ereignissen handelt die Geschichte?

W , auf welche Weise ereignen sich die einzelnen Handlungsschritte?

W , aus welchem Grund passieren manche Dinge?

Tipp Dieses Schema kannst du auch in einer Klassenarbeit als **Schreibplan** verwenden, bevor du den eigentlichen Aufsatz verfasst. Auf diese Weise sammelst du eine ganze Reihe von Gedanken und ordnest sie.
Beim Schreiben der Geschichte solltest du dann in deinem Schreibplan die Notizen abhaken, die du in deine Erzählung eingebaut hast. So kannst du sicherstellen, dass du nichts Entscheidendes vergisst.

Lösungshilfe **Die Geschichte sinnvoll aufbauen**
Wie du schon von anderen Aufsatzformen weißt, besteht eine Erzählung aus drei Teilen. Dies sind:
- die **Einleitung,** die zum Geschehen hinführt,
- der **Hauptteil,** der vom Hauptereignis erzählt und die spannendste Stelle, den **Höhepunkt,** enthält,
- der **Schluss,** der die Handlung abrundet.

Du musst also deine Gedanken in eine sinnvolle Reihenfolge bringen, damit Spannung entsteht.

Aufgabe 3
Die folgenden Sätze sind völlig durcheinandergeraten. Entscheide, ob sie zur Einleitung (E), zum Hauptteil (H) oder zum Schluss (S) der Erzählung gehören.

- Als Tim herzhaft in die Bratwurst beißen konnte, gefiel ihm die ganze Unternehmung schon besser.
- An diesem bitterkalten Freitagnachmittag drängten sich Hunderte von Leuten auf dem weihnachtlich geschmückten Marktplatz.
- Auch der 12-jährige Tim schob sich missmutig mit seiner Mutter durch die Menge.
- Das Beste war, dass er auch noch eine dicke Belohnung bekam und sich bis zum Heiligen Abend kostenlos durch den Weihnachtsmarkt futtern durfte.
- Der Blick des Jungen fiel auf die Handtasche seiner Mutter, und er erschrak, als er sah, dass der Reißverschluss offen war.
- Es dämmerte bereits und das Mittagessen lag schon eine Weile zurück.
- Genüsslich kaute er und sah sich dabei um.
- Hinterher! Er musste den Kerl mit der roten Mütze verfolgen!
- Jemand klopfte Tim anerkennend auf die Schulter.
- Mit der einen Hand hielt er den Gauner fest und mit der anderen entriss er ihm die Beute.
- Mit vollem Mund brachte er keine Warnung heraus.
- Sogar ein Reporter vom Lokalradio interviewte ihn, denn schließlich hatte er einer ganzen Serie von Taschendiebstählen ein Ende bereitet.
- Tim warf sich keuchend auf den am Boden liegenden Dieb.
- Und da - da schob sich auch schon eine Hand in einem schwarzen Handschuh in die Tasche und schloss sich um Mutters Geldbeutel!
- Vor einer Bratwurstbude blieb Tims Mutter stehen und drehte sich lächelnd zu ihm um.
- Warum gab es auf dem Weihnachtsmarkt nur so viele rote Mützen?

Tipp Erzählt wird im **Präteritum** (Vergangenheit). Weiteres zur richtigen Zeitform in einer Erzählung kannst du auf Seite 11 nachlesen.

Lösungshilfe **Den Hauptteil gestalten**
Im Hauptteil einer Geschichte wird die Spannung in sogenannten Erzählschritten langsam bis zum Höhepunkt gesteigert.

Aufgabe 4
In dieser Geschichte liegt der Höhepunkt kurz vor der Ergreifung des Diebes. Bringe die folgenden sieben Sätze aus dem Hauptteil in die richtige Reihenfolge. Ergänze dann selbst noch fünf Erzählschritte, die zum Höhepunkt hinführen.

1 Als Tim herzhaft in die Bratwurst beißen konnte, gefiel ihm die ganze Unternehmung schon besser.

Der Blick des Jungen fiel auf die Handtasche seiner Mutter, und er erschrak, als er sah, dass der Reißverschluss offen war.

Hinterher! Er musste den Kerl mit der roten Mütze verfolgen!

Mit vollem Mund brachte er keine Warnung heraus.

Und da – da schob sich auch schon eine Hand in einem schwarzen Handschuh in die Tasche und schloss sich um Mutters Geldbeutel!

Genüsslich kaute er und sah sich dabei um.

Warum gab es auf dem Weihnachtsmarkt nur so viele rote Mützen?

8

9

10

11

12

13 Tim warf sich keuchend auf den am Boden liegenden Dieb.

14 Mit der einen Hand hielt er den Gauner fest und mit der anderen entriss er ihm die Beute.

(...)

Lösungshilfe **Wörtliche Rede verwenden**
Auch in eine Reizwortgeschichte gehören wörtliche Rede und Gedanken, damit Leser sich in die Personen hineinversetzen können. Genauere Hinweise zur richtigen Zeichensetzung bei wörtlicher Rede findest du auf Seite 11.

Aufgabe 5
Füge an den gekennzeichneten Stellen eine passende Äußerung oder einen geeigneten Gedanken ein. Die Stichwörter in Klammern können dir dabei helfen. Wähle für die Redebegleitsätze verschiedene Verben aus der folgenden Liste. Vergiss die Satzzeichen nicht!

---

stöhnen - auffordern - brüllen - murmeln - denken - befehlen - erklären - vorschlagen - brummen - überlegen - meinen - lachen - schmollen - widersprechen - jammern - schwärmen - fragen - mitteilen - rufen - schimpfen - seufzen - trällern

---

Auch der 12-jährige Tim schob sich missmutig mit seiner Mutter durch die Menge.
(Besseres zu tun, frieren)
„Ich hab' wirklich Besseres zu tun", schmollte er, „und außerdem

Vor einer Bratwurstbude blieb Tims Mutter stehen und drehte sich lächelnd zu ihm um. *(Idee, essen, wieder gute Laune)*

Es dämmerte bereits und das Mittagessen lag schon eine Weile zurück.
(einverstanden, Senf)

Als Tim herzhaft in die Bratwurst beißen konnte, gefiel ihm die ganze Unternehmung schon besser. Genüsslich kaute er und sah sich dabei um. *(lecker, Lebkuchen)*

Der Blick des Jungen fiel auf die Handtasche seiner Mutter, und er erschrak, als er sah, dass der Reißverschluss offen war. *(Leichtsinn, aufpassen)*

Lösungshilfe Den Höhepunkt spannend ausgestalten
Im Hauptteil wird die Spannung langsam gesteigert, sodass der ausführliche Höhepunkt der Geschichte erst kurz vor dem Schluss liegt.
Hiermit kannst du die Spannung zum Höhepunkt hin noch steigern:

– wörtliche Rede	*„Du entkommst mir nicht!“, brüllte Tim.*
– Gedanken	*Er durfte ihm auf keinen Fall entkommen.*
	„Gleich entkommt er mir!“, durchfuhr es ihn.
– Gefühle	*Die kalte Winterluft brannte in seinen Lungen.*
– Sinneswahrnehmungen	*Er sah auf einmal lauter rote Mützen.*

Aufgabe 6
Sammle Ideen, wie du die Momente kurz vor der Ergreifung des Diebes in allen Einzelheiten besonders spannend und lebendig ausgestalten kannst.

GEDANKEN

„Hoffentlich verlier' ich ihn nicht aus den Augen!“

GEFÜHLE

Seine Wut ließ ihn schneller laufen.

Er jagte den Taschendieb.

SINNESWAHRNEHMUNGEN

Fetzen von Weihnachtsliedern drangen an seine Ohren.

DIALOGE

„He, nicht so hastig, Junge!“, schimpfte jemand.

„Geht leider nich' anders“, keuchte Tim.

Aufgabe 7

Welche der folgenden Verben könntest du für den Höhepunkt der Geschichte gut verwenden? Suche dir fünf Wörter aus und formuliere mit jedem einen Satz. Schreibe die Sätze auf ein Blatt oder in dein Heft.

sprinten - hinken - tänzeln - sausen - schleichen - fliehen - torkeln - flitzen - schwanken - schlendern - schreiten - kriechen - rasen - stürzen - stolzieren - watscheln - humpeln - stürmen - marschieren - eilen - krabbeln - rennen - einholen

Tipp Bei der Ausgestaltung des Höhepunktes gelten für die Reizwortgeschichte dieselben Grundsätze wie für die Bildergeschichte. Du findest sie dort auf Seite 14.

Lösungshilfe Anschaulich und abwechslungsreich formulieren
Nicht nur beim Redebegleitsatz ist es wichtig, dass du dich abwechslungsreich ausdrückst, auch im restlichen Text darfst du dich nicht ständig wiederholen. Daher solltest du daran arbeiten, deinen Wortschatz zu vergrößern und auch einmal neue Wörter zu verwenden.

Aufgabe 8

In diesen Sätzen findest du statt anschaulicher Ausdrücke immer nur das Adjektiv „gut". Ersetze es wie im Beispiel durch geeignete Begriffe aus der Liste.

beeindruckend - gemütlich - ausgezeichnet - deutlich - schnell - wunderbar - hervorragend - erfreulich - kostbar - spannend - köstlich - lecker - freundlich - aufregend - interessant

a) Mmmh, diese Bratwurst schmeckte wirklich ~~gut~~ *lecker* .

b) Die Lebkuchen und Plätzchen dufteten gut ________ .

c) Jetzt gefiel Tim der Weihnachtsmarkt doch gut ________ .

d) Der weihnachtlich erleuchtete Marktplatz sah gut ________ aus.

e) Zum Glück war der Junge ein guter ________ Sportler.

f) Er konnte vor allem gut ________ laufen.

g) Im Gedränge konnte er den Dieb nicht so gut ________ erkennen.

h) Gut ________ war außerdem, dass Tim eine Belohnung bekam.

i) Das war mal eine gute ________ Geschichte, die er seinen Freunden erzählen konnte!

k) Besonders gut ________ fand Tim das Interview fürs Radio.

Lösungshilfe Abwechslung bei Satzanfängen
Außer Wortwiederholungen solltest du auch langweilige Satzanfänge vermeiden.

Aufgabe 9
Stelle bei diesen Sätzen statt des Personalpronomens (persönliches Fürwort) die unterstrichenen Wörter an den Anfang.

Er sah sich mehrmals nach Tim um.

Er hatte dabei ein siegessicheres Grinsen im Gesicht.

Er wäre beinahe in der dichten Menschenmenge verschwunden.

Er schlug in diesem Moment einen unerwarteten Haken nach links.

Er stolperte, als er den nächsten Schritt machte.

Bist du bereit für die Testarbeit?
Wenn du diese Trainingsarbeit sorgfältig durchgearbeitet hast, kannst du mit der folgenden Testarbeit überprüfen, ob du für eine Klassenarbeit zum Thema Reizwortgeschichte gut gerüstet bist.
Wenn du willst, kannst du aber auch mit diesen Reizwortgruppen weiterüben:

Keller – Rascheln – Polizei
Haustürschlüssel – Balkon – Donnerwetter
Autofenster – Schulaufgabe – Windstoß

Du hast 60 Minuten Zeit.
Angefangen um: Beendet um:

Thema der Arbeit
Eine Reizwortgeschichte schreiben

Aufgabe
Schreibe zu den folgenden Reizwörtern eine vollständige Geschichte:

Kaufhaus – Ladendieb – Belohnung

Du kannst dazu sicher manche Ideen verwenden, die du in der Trainingsarbeit notiert hast, denn zwischen den beiden Reizwortgruppen bestehen Ähnlichkeiten. Entwirf zunächst einen Schreibplan, der dir beim anschließenden Schreiben hilft, den roten Faden deiner Erzählung nicht zu verlieren.

So kannst du deine Arbeit auswerten
Um dein Ergebnis zu überprüfen, kannst du die Checkliste im Lösungsheft Schritt für Schritt durchgehen. Wenn du feststellst, dass du in deiner Geschichte etwas Wichtiges vergessen hast, ergänze es noch.

Tipp Überlege anschließend auch noch einmal, was dir bei dieser Aufgabenstellung leicht fiel und was nicht. Gibt es bei der Reizwortgeschichte noch etwas, das du besonders üben solltest – z. B. mithilfe deines Schulbuchs oder einer Lernhilfe?

Thema der Arbeit
Einen persönlichen Brief schreiben

Bei der Aufsatzform „persönlicher Brief“ sind in Bezug auf die äußere Form, den Aufbau und die sprachliche Gestaltung einige Besonderheiten zu beachten, die du in dieser Trainingsarbeit noch einmal wiederholen kannst.

So bereitest du dich vor
Die Aufgaben dieser Trainingsarbeit bilden die Vorarbeiten für einen persönlichen Antwortbrief mit kurzer Erzählung. Anhand eines vorgegebenen Briefes kannst du üben, die übliche Briefform einzuhalten, im Antwortschreiben auf die Briefvorlage einzugehen und selbst von einem Erlebnis zu erzählen.
In der Testarbeit schreibst du dann selbstständig einen solchen Antwortbrief.

Stuttgart, den 17.04.2009

Liebe Andrea,

es ist schon lange her, dass ich dir das letzte Mal geschrieben habe. Aber am Sonntag wirst du elf und das ist nun wirklich Grund genug, mich als Patenonkel wieder einmal in Erinnerung zu bringen. Ich möchte dir zu deinem Geburtstag von ganzem Herzen gratulieren!

Letzte Woche habe ich mit deiner Mutter ein Geheimtelefonat geführt, weil ich mich erkundigen wollte, was ich dir schenken könnte. Dabei habe ich gemerkt, dass es nicht einfach ist, etwas Passendes zu finden. Darum lege ich einen Geldschein in den Brief. Dir wird sicher etwas einfallen, was du damit anstellen kannst.

Als ihr in den Winterferien bei uns wart, hast du ganz begeistert von deiner neuen Klasse am Gymnasium erzählt. Und auch mit deinen Zensuren warst du ja recht zufrieden. Ich hoffe, das hat sich weiter so entwickelt.

Damals wart ihr gerade auf eurem großen Volksfest gewesen. Hier beginnt nächste Woche wieder das Cannstatter Frühlingsfest. Hanna und Julius können es gar nicht mehr abwarten. Sie liegen uns schon seit Tagen damit in den Ohren, was sie dort alles fahren wollen. Auf jeden Fall möchten sie diesmal in die Achterbahn, du hast ihnen wohl von deinen Erlebnissen damit erzählt. Da scheint ja etwas besonders Lustiges passiert zu sein!

Um noch einmal auf deinen Geburtstag zurückzukommen: Bestimmt lädst du dir viele Freude ein und ihr feiert tüchtig. Ich wünsche dir jedenfalls viel Spaß dabei. Und natürlich freue ich mich schon auf deinen Antwortbrief.

Viele herzliche Grüße von uns allen

dein Onkel Waldemar

Aufgabe 1

Der Brief von Andreas Onkel Waldmar hat die übliche Form. Trage am Rand die zugehörigen Buchstaben der folgenden Merkmale ein.

a) Anrede mit Komma
b) Absatz zwischen Hauptteil und Schluss
c) Leerzeile
d) Absatz zwischen Einleitungs- und Hauptteil
e) Ort und Datum (rechtsbündig)
f) Absatz bei neuem Gedanken
g) abschließende Grußformel ohne Satzzeichen
h) Unterschrift

Tipp Achte bei der Anrede und der Grußformel darauf, dass sie zur Situation und zum Adressaten passen.

Aufgabe 2

Ordne die folgenden Anreden und Grußformeln der passenden Situation zu, indem du sie mit Linien verbindest.

Anrede	Situation	Grußformel
Lieber Manuel,	Anna an ihren Freund	Bis hoffentlich bald!
Hallo Melli,	Mutter aus der Kur an ihre Nachbarin	Deine
Liebe Frau Schiller,	die Klasse einer Lehrerin, die im Krankenhaus liegt	Liebe Grüße
Meine liebe Larissa,	Oma ihrem Enkel zu Weihnachten	Herzlichst Ihre
Hei Justin,	Sigrid ihrer Schwester aus dem Urlaub	Mit freundlichen Grüßen
Hallo Frau Wolfrum,	Mutter ihrem Kind	Ciao und bis bald

Lösungshilfe **Anredepronomen**
Die Anredepronomen *du* und *ihr* mit den zugehörigen Formen *(dein, euer ...)* schreibt man normalerweise klein – in Briefen können sie auch großgeschrieben werden.

Ich danke dir/Dir für deine/Deine Karte aus eurem/Eurem Urlaubsort.

Die Pronomen der Höflichkeitsform *(Sie, Ihnen, Ihr ...)* schreibt man immer groß, damit man sie von den Personalpronomen unterscheiden kann.

Ich möchte Ihnen zu Ihrer Wahl gratulieren.

Aufgabe 3

Trage in den folgenden Briefausschnitt die Pronomen der Höflichkeitsform richtig ein. Vermeide Verwechslungen mit den Personalpronomen.

... _hre Karte haben wir heute erhalten und uns sehr darüber gefreut, dass es _hnen am Altmühlsee gefällt. Wir sind aber sehr darüber erschrocken, dass _ie beinahe mit anderen Passagieren eines Ausflugdampfers über Bord gegangen wären. Das müssen _ie uns genauer erzählen, wenn _ie nächste Woche zurück sind. Unsere Kinder brennen auch schon darauf, dass _ie _hren Hund Sissi wieder ausführen dürfen. _ie wissen ja, dass _ie ganz vernarrt sind in _hre Hundedame. Mit _hr an der Leine zu gehen, ist für _ie das Allergrößte! ...

Lösungshilfe **Auf den Briefpartner eingehen**
Der persönliche Briefwechsel kann auch als eine Art Gespräch angesehen werden. Die Briefpartner gehen dabei aufeinander ein und greifen Themen und Fragen des anderen auf.

Aufgabe 4

Untersuche den Brief auf Seite 28/29 näher. Notiere in Stichpunkten, auf welche Fragen und Themen Andrea in ihrem Antwortbrief eingehen sollte.

Tipp Der Ton des persönlichen Briefes sollte natürlich, freundlich und höflich sein. Vermeide abgedroschene Formulierungen (Floskeln).

Aufgabe 5

In diese Briefpassage sind unpassende Formulierungen hineingeraten. Unterstreiche die umgangssprachlichen Formulierungen und verbessere sie neben dem Text. Streiche die inhaltsleeren Floskeln durch.

Du hast mich in deinem echt super Brief nach dem völlig abgefahrenen Erlebnis auf unserem Frühjahrsvolksfest gefragt. Manche Dinge geschehen, andere geschehen nicht. Hier sind sie geschehen. Alles begann damit, dass wir meine coole Lieblingsoma mitgenommen haben. Sie ist schon Jahrzehnte nicht mehr Karussell gefahren. Von den neuen Fahrgeschäften war sie so begeistert, dass sie alle Familienmitglieder in die Achterbahn gezerrt hat. Was für Zeiten, in denen wir leben!

Lösungshilfe Aufbau des Briefes

Auch der persönliche Brief hat eine Einleitung, einen Hauptteil und einen Schluss. Allerdings haben die Teile hier andere Aufgaben.

Einleitung: an den Brief des Partners anknüpfen – einen persönlichen Bezug herstellen – die momentane Situation ansprechen – sich bedanken

Hauptteil: besondere Erlebnisse erzählen – Anliegen und Bitten formulieren – Informationen und Meinungen mitteilen – Fragen beantworten

Schluss: Gedankengang abrunden – zu Antwortbrief ermuntern – weitere Kontakte vereinbaren – abschließend um etwas bitten – Grüße ausrichten

Aufgabe 6

Trage ein, welche Elemente der Einleitungs- und der Schlussteil des Briefes auf Seite 28/29 enthalten.

Einleitungsteil:

Schlussteil:

Aufgabe 7

Schreibe den Einleitungsteil eines Antwortbriefes an Andreas Onkel und gehe auf die Briefvorlage ein. Ergänze auch den Briefkopf.

über deinen Brief mit dem großzügigen Geldgeschenk habe ich mich riesig gefreut.

Aufgabe 8

Gestalte auch einen Schlussteil, in dem du dem Onkel Fragen stellst, ihn um etwas bittest, ein Treffen anregst und Grüße ausrichtest! Achte auf Verknüpfungen!

Jetzt habe ich so viel erzählt. Dabei hätte ich fast vergessen, dich zu fragen,

Tipp Wenn das Antwortschreiben eine kurze Erzählung enthalten soll, gelten dafür dieselben Regeln wie für die Bilder- und Reizwortgeschichte. Die folgenden Übungen rufen dir wichtige Merkmale einer spannenden Erzählung noch einmal ins Gedächtnis.

Lösungshilfe **Die Erzählung im Brief**
Steht im Hauptteil des persönlichen Briefes eine Erlebniserzählung, ist sie in der Regel nicht so umfangreich wie eine Bilder- oder Reizwortgeschichte, ansonsten folgt sie aber denselben Regeln. Achte darauf, dass du
- die W-Fragen beantwortest,
- die Handlung sinnvoll aufbaust,
- das Geschehen lebendig und anschaulich schilderst,
- treffende Verben und Adjektive verwendest,
- wörtliche Rede einsetzt und
- als innere Handlung Gedanken, Gefühle und Sinneseindrücke darstellst.

Aufgabe 9

a) Arbeite die folgende Hinführung zum Höhepunkt durch und schreibe ausdrucksstarke erzählerische Mittel heraus.

Als Oma mit mir ganz vorne in den Wagen einstieg, lachte sie fröhlich und winkte Papa unbekümmert zu. „So schlimm wird's schon nicht werden!“, rief sie ihm zu. Der allerdings legte sorgenvoll seine Stirn in Falten. Dann setzte sich das Gefährt mit einem plötzlichen Ruck in Bewegung. Die Zugkette quietschte, als wir langsam die steilen Schienen nach oben gezogen wurden. Je höher wir kamen, umso mulmiger wurde mir. Meine Oma klammerte sich mit der linken Hand so sehr am Haltegriff fest, dass ihre Knöchel ganz weiß wurden. Mit der Rechten drückte sie ihren Hut auf den Kopf. Wir waren nun am höchsten Punkt angekommen und blickten vor uns ins Nichts. „Oh je, jetzt ...“, stammelte ich noch. Doch bevor ich den Kloß in meinem Hals hinunterwürgen konnte, donnerten wir in rasender Fahrt wie im freien Fall bergab. Oma stieß einen schrillen Schrei aus. Ihre rechte Hand schoss nach vorne.

Adjektive	Verben

Gefühle	Sinneseindrücke

Vergleich/Bild	Wörtliche Rede

Tipp Vergiss auch während deiner Erzählung den Adressaten nicht. Beziehe ihn immer wieder ein.

b) Markiere in dieser Hinführung zum Höhepunkt die Stellen, wo folgende Formulierungen eingefügt werden können, die den Adressaten einbeziehen.

1 Ich bin, wie du weißt, auch nicht gerade die Mutigste. – **2** Du kennst ihn ja, er denkt immer an das Schlimmste. - **3** Was dann passierte, hättest du nicht für möglich gehalten.

Tipp Achte bei deiner Erzählung darauf, dass du die Sätze sinnvoll verknüpfst und Wiederholungen vermeidest.

Aufgabe 10

Überarbeite die folgenden Sätze, indem du sie sinnvoll verbindest oder den Satzbau änderst. Schreibe die umformulierten Sätze auf ein Blatt oder in dein Heft.

a) Ich dachte: „Vorsicht, der ...!“ Ich sah die Kopfbedeckung schon, vom Fahrtwind hochgehoben, fröhlich nach hinten davonflattern.

b) Wir rissen beide unsere Köpfe herum. Wir konnten sehen, wie der Hut direkt im Gesicht eines Passagiers in der letzten Reihe des Wagens landete.

c) Wir brachen gleichzeitig in lautes Lachen aus. Der Mann begann, hilflos mit seinen Händen zu fuchteln.

d) Wir konnten erleichtert feststellen, dass er den Flüchtling zu fassen bekam und unter seinem Arm sicher verwahrte.

Aufgabe 11

Finde vier Begriffe oder Formulierungen, mit denen du im folgenden Textausschnitt das Wort „Fahrt“ ersetzen kannst.

Obwohl die Fahrt noch eine ganze Weile dauerte, war unsere Angst wie verflogen. Wir begannen die Fahrt richtig zu genießen und durch die Fahrt machte sich ein richtiges Glücksgefühl in mir breit. Aus meinem Bauch breitete sich eine Wärme aus und ich juchzte bei jeder neuen Fahrt in die Tiefe laut auf. Schließlich war die Fahrt aber zu Ende und unser Wagen rollte am Ausgang des Fahrgeschäftes aus.

Du hast 60 Minuten Zeit.
Angefangen um: Beendet um:

Thema der Arbeit
Einen persönlichen Antwortbrief schreiben

Aufgabe
Schreibe zur folgenden Briefvorlage einen Antwortbrief. Baue in deinen Brief eine kurze Erzählung ein und greife dafür eines der angesprochenen Themen auf. Beachte, was du in der Trainingsarbeit geübt hast.

Berlin, den 24. Mai 2009

Mein lieber Florian,

Ostern ist längst vorbei und du hast immer noch keine Antwort auf deinen Brief bekommen. Ich hoffe, du bist nachsichtig mit deinem überarbeiteten Onkel, aber ich finde erst heute die Ruhe zu schreiben.

In den letzten Wochen hatten wir hier alle so viel zu tun, dass wir die freien Ostertage richtig herbeigesehnt haben. Besonders Michaela konnte sich endlich vom Schulstress erholen, in der sechsten Klasse haben sie schon ein ordentliches Pensum zu erledigen. Seit neustem spielt sie auch in der Volleyballgruppe der Schule mit und ist ganz begeistert, du kennst deine Cousine ja. Was macht dir denn besonderen Spaß in der Schule?

Die Ostertage waren nicht nur erholsam, wir hatten auch ein lustiges Erlebnis mit dem Eichhörnchen hier im Garten. Dieser kleine Gauner hat uns doch tatsächlich aus den Osternestern ein paar Eier stibitzt. Ich hoffe, deine Suche war erfolgreicher!

Am Telefon hat deine Mutter erwähnt, dass ihr Ostern eine spannende Wanderung gemacht habt. Sie machte nur Andeutungen, aber ich hatte den Eindruck, dass dabei etwas schiefgegangen ist. Vielleicht kannst du mir ja mehr berichten.

Mit eurem Besuch im Sommer klappt es hoffentlich. Dann können wir uns ja auch einmal über die Erfahrungen mit deinen Kaninchen unterhalten. Michaela hätte nämlich auch gerne ein Haustier. Da kannst du uns sicher beraten.

Nun aber genug der Fragen! Ich freue mich schon auf deinen Antwortbrief, in dem du mir sicher manches erzählen wirst.

Mit vielen herzlichen Grüßen
dein Onkel Ferdinand

So kannst du deine Arbeit auswerten
Um dein Ergebnis zu überprüfen, kannst du die Checkliste im Lösungsheft durchgehen. Kreuze Zutreffendes an. Überarbeite deinen Brief noch, wenn du feststellst, dass du etwas Wichtiges nicht beachtet hast.

Thema der Arbeit
Einen Bericht schreiben

Anders als eine Erlebniserzählung soll ein Bericht nicht unterhalten, sondern über ein besonderes Ereignis informieren. Eine häufige Form ist der Zeitungsbericht, der z. B. einen Unfallhergang, ein Sportereignis oder eine Naturkatastrophe schildert.

Wie bereitest du dich vor?
In dieser Trainingsarbeit werden die Merkmale des Berichts schrittweise wiederholt. Wenn du die Aufgaben sorgfältig durchgearbeitet hast, kannst du in der anschließenden Testarbeit überprüfen, ob du für eine Klassenarbeit zum Thema „Bericht" gut gerüstet bist.
Auch wenn du Zeitungsberichte aufmerksam liest, z. B. im Lokalteil der Tageszeitung, erfährst du viel über die „Machart" dieser Textform.

Aufgabe 1

a) Lies die beiden Texte aufmerksam durch.

Text A Am vergangenen Montag ereignete sich am Goethe-Gymnasium in Nürnberg während der ersten Pause ein Unfall, bei dem die Schülerin Heike Kipper aus der 5. Klasse leicht verletzt wurde.
Nachdem es am Morgen geschneit hatte, begannen einige Schüler eine Schneeballschlacht, obwohl dies laut Schulordnung verboten ist. Ihr Mitschüler Oskar Sturm traf Heike dabei aus kurzer Entfernung im Gesicht. Das Mädchen fiel deshalb zu Boden und klagte über starke Schmerzen unter dem rechten Auge. Die Pausenaufsicht verständigte einen Notarzt.
Dieser stellte bei Heike eine Prellung fest und behandelte sie mit einer Salbe. Trotzdem litt die Schülerin noch einige Tage unter Schmerzen. Die Kosten des Notarzteinsatzes in Höhe von 280 Euro muss der verantwortliche Schneeballwerfer tragen.

Text B „Jetzt treffe ich sie!", dachte Oskar, während er sich vorsichtig anschlich. Hinter einem Busch sah er Heike stehen, die munter Schneebälle gegen die Jungs abfeuerte. Oskar stimmte einen Schlachtruf an und als sich Heike verwundert zu ihm umdrehte, warf er ihr einen Schneeball mitten ins Gesicht. „Das hat gesessen!", freute er sich. Heike gab einen wimmernden Laut von sich und fiel zu Boden. Sie hielt sich das Gesicht. „So ein Mist!", fluchte Oskar. „Der wird doch nichts passiert sein." Er eilte zu Heike und beugte sich über sie. Die anderen hatten bemerkt, dass etwas geschehen war, und liefen ebenfalls herbei. Heike schluchzte: „Aua, das tut so weh!" Schon war auch Frau Schmidt zur Stelle, die Pausenaufsicht hatte. „Ihr spinnt wohl!", schimpfte sie. „Schneeballwerfen ist doch verboten!" „Das wollte ich doch nicht", wandte Oskar kleinlaut ein. Er fühlte sich gar nicht wohl in seiner Haut. Die Lehrerin beachtete ihn nicht weiter. Sie zückte ihr Handy und sprach aufgeregt hinein. Dann half sie der immer noch weinenden Heike auf die Beine und begleitete sie zu einer Bank. Wenige Minuten später hörte man eine Sirene und ein Notarztwagen fuhr auf den Pausenhof. Ein Sanitäter sprang heraus und kümmerte sich um das Mädchen. „Und du meldest dich sofort beim Direktor!“, sagte Frau Schmidt streng zu Oskar. Der wusste: Das wird Ärger geben!

b) Kreuze nun an, auf welchen Text die folgenden Aussagen jeweils zutreffen.

	Text A	Text B
Der Text ist spannend und lebendig geschrieben.		
Der Text enthält keine wörtliche Rede.		
In diesem Text kommen keine Gedanken und Gefühle vor.		
In diesem Text wird die Handlung ausgeschmückt.		
Der Text wirkt sachlich.		
Dieser Text enthält nur wichtige Angaben zum Geschehen.		
Dies könnte die Erlebniserzählung eines Schülers sein.		

Lösungshilfe **Merkmale eines Berichts**
Ein Bericht soll nicht unterhalten, sondern über ein Geschehen **knapp, sachlich** und **klar informieren.** Wie Text A muss er Antworten geben auf wichtige Fragen zum Geschehen, die sogenannten **W-Fragen.** Ein Bericht wird im **Präteritum** verfasst, da er ein vergangenes Geschehen darstellt.

Aufgabe 2
Beantworte die W-Fragen in Stichworten anhand des Berichts (Text A).

Was ist geschehen?

Wer war beteiligt?

Wann ist es geschehen?

Wo ist es geschehen?

Wie und warum ist es geschehen?

Welche Folgen gab es?

Tipp Du kannst die W-Fragen auch nutzen, um einen **Schreibplan** für deinen Bericht zu erstellen.

Lösungshilfe Aufbau eines Berichts
Anders als bei einer Erlebniserzählung, wo am Anfang nicht zu viel verraten werden darf, fasst die **Einleitung** beim Bericht alle grundsätzlichen Informationen kurz zusammen (Beteiligte, Ort, Zeit, Art des Geschehens).
Im **Hauptteil** wird dann geschildert, wie der Vorfall genau abgelaufen ist.
Der **Schluss** geht auf Folgen und Auswirkungen ein.

Aufgabe 3
Die folgenden Sätze stammen aus verschiedenen Berichten. Ordne sie jeweils den Teilen des Berichts (**E**inleitung, **H**auptteil, **S**chluss) zu und notiere eine kurze Begründung für deine Entscheidung.

a) Die Schülerin wurde im Krankenhaus geröntgt. Da ein Beinbruch festgestellt wurde, muss sie nun für die nächsten Wochen einen Gips tragen.

b) Im Stadtpark kam es gestern zu einem Zwischenfall, als einige Jugendliche zwei Rentner erschreckten.

c) Obwohl die Ampel auf Rot umsprang, fuhr Hans Müller in die Kreuzung ein, ohne auf den Verkehr zu achten.

d) Es entstand ein Sachschaden in Höhe von mehreren tausend Euro.

e) Der Einbrecher versuchte zu flüchten, wurde aber von zwei Polizisten verfolgt.

Aufgabe 4
Formuliere zu diesen Stichpunkten in ein, zwei Sätzen die Einleitung eines Berichts.

22. Juli - Freibad Roth - Hitzschlag - 14 Uhr - Schüler - 13 Jahre - fast ertrunken

Lösungshilfe Informationen sammeln und auswerten
Um über ein Ereignis einen Bericht verfassen zu können, brauchst du die nötigen Informationen. Polizisten oder Zeitungsreporter befragen dazu Zeugen und Beteiligte. Sie werten deren Angaben aus, um zu verstehen, was genau passiert ist.

Tipp Unfallzeugen schildern das Geschehen oft, ohne Wichtiges von Unwichtigem zu trennen. Deshalb muss zunächst entschieden werden, welche Informationen wirklich nötig sind, um den Ablauf des Unfalls verstehen zu können. Alle Informationen, die nichts mit dem Unfallgeschehen zu tun haben, werden weggelassen.

Aufgabe 5
Unterstreiche im folgenden Text alle Informationen, die in die **Einleitung** gehören, und die Informationen, die in den **Schlussteil** gehören, mit unterschiedlichen Farben.

An der Gesamtschule Friedenstal ist ein Unfall passiert. Nun befragt der Direktor, Herr Krämer, die beteiligten Personen:

Herr Krämer: Jetzt erzählt noch einmal ganz genau, wie das am Montag passiert ist. Ich muss einen Bericht für die Versicherung schreiben.

Sara Schnell: Im Moment erinnert mich noch ein dicker blauer Fleck an den Vorfall. Also, das habe ich mir wirklich selber zuzuschreiben. Schließlich hatte uns Herr Schneider noch ermahnt, dass wir im Treppenhaus nicht rennen sollen. Aber ich musste mich beeilen, um den Bus noch zu erwischen.

Franz Schlau: Beeilen ist ja wohl untertrieben! Wir hatten letzten Montag, das war der 21. April, wie jede Woche in der 7. Stunde Mathe bei Herrn Schneider. Sofort nach dem Klingeln sprang Sara auf und hastete aus dem Klassenzimmer. Dabei hat sie meinen Stuhl umgeschmissen und dann ist sie die Treppe runtergerannt, immer zwei Stufen auf einmal. Ich habe mich noch gefragt, ob das wohl gut geht.

Frau Sauber, Putzfrau: Ich nehme mir ja mein Mittagessen immer von zu Hause mit. Das hatte ich in aller Ruhe gegessen und dann mit dem Wischen im Eingangsbereich begonnen. Nun, auf einmal kam dieses Mädchen vorbeigeschossen und rutschte dann auf den noch feuchten Fliesen aus und stieß mit einer anderen Schülerin zusammen.

Franz Schlau: Ich war genau hinter Sara. Sie stieß mit der älteren Schülerin zusammen, die kreischte noch erschrocken. Anschließend stürzte Sara und prallte dann gegen den offenen Türflügel der Eingangstür. Danach blieb sie jammernd liegen und klagte über starke Schmerzen im Arm. Ich war zuerst ganz schön erschrocken, aber dann bin ich gleich ins Sekretariat gelaufen. Frau Fischer hat dann die Schulsanitäter verständigt, zum Glück waren noch welche von denen im Haus.

Melanie Groß, Klasse 11b: Ich dachte, ich trau' meinen Augen nicht. Ich hatte die 8. Stunde und kam gerade zur Eingangstür rein und wollte meinen neuen MP3-

Player im Rucksack verstauen, schließlich hat mir ein Lehrer erst letztes Jahr einen im Unterricht abgenommen. Da sehe ich aus dem Augenwinkel etwas auf mich zustürmen und schon war es passiert. Meinen MP3-Player habe ich dann fallen lassen, der ist jetzt kaputt. Ich hatte ihn gerade zwei Tage und er hat 90 Euro gekostet.

Sara Schnell: Die Schulsanis haben sich um mich gekümmert und meinen Arm gekühlt. Sie haben sicherheitshalber den Notarzt gerufen. Der war schon zehn Minuten später da und hat mich ins Stadtkrankenhaus mitgenommen. Dort wurde mein Arm geröntgt, aber es war zum Glück nichts gebrochen, nur eine Prellung am linken Ellenbogen. Der Arzt hat mir einen Verband angelegt.

Herr Schneider: Wie fast jede Woche hatte ich den Schülern der 5b am Stundenende noch gesagt, dass sie nicht so wild zum Bus rennen sollen. Es war ja auch noch Zeit, denn ich habe die Hausaufgabe gestellt und die Stunde dann pünktlich um 14.15 Uhr beendet. Die 90 Euro für den kaputten MP3-Player haben Saras Eltern beglichen. Das Ganze ist also noch einmal glimpflich ausgegangen.

Aufgabe 6

Der Direktor hat sich während des Gesprächs folgende Notizen zum Unfallgeschehen gemacht. Streiche alle Informationen durch, die nicht nötig sind, um zu verstehen, wie sich der Unfall genau ereignet hat.

- [ ] ~~Sara hat jetzt noch einen blauen Fleck~~
- [ ] Sara wollte den Bus erreichen
- [ ] Sara warf den Stuhl von Franz um
- [ ] Sara rannte die Treppen hinunter
- [ ] Sara nahm immer zwei Stufen auf einmal
- [ ] Frau Sauber aß Mittagessen
- [ ] Frau Sauber wischte die Fliesen in der Eingangshalle
- [ ] Sara rutschte auf den feuchten Fliesen aus
- [ ] Sara stieß mit Melanie Groß zusammen und stürzte
- [ ] Melanie kreischte erschrocken
- [ ] Sara prallte mit dem linken Arm gegen die Eingangstür
- [ ] Sara blieb mit schmerzendem Arm liegen
- [ ] Mitschüler Franz Schlau verständigte Sekretariat
- [ ] Schulsanitäter wurden gerufen
- [ ] Melanie Groß kam durch die Eingangstür herein
- [ ] Melanie war schon einmal ein MP3-Player abgenommen worden
- [ ] Melanie ließ ihren MP3-Player fallen
- [ ] Schulsänitäter versorgten Sara
- [ ] Notarzt wurde verständigt
- [ ] Herr Schneider stellte die Hausaufgabe
- [ ] Herr Schneider ermahnte Schüler, im Treppenhaus nicht zu rennen
- [ ] Sara wurde ins Krankenhaus eingeliefert

Lösungshilfe Informationen ordnen, Zusammenhänge erkennen
Im Hauptteil des Berichts musst du die einzelnen Schritte des Geschehens in der **richtigen zeitlichen Reihenfolge** darstellen.
Arbeite außerdem heraus, wie die einzelnen Schritte zusammenhängen, zeige also **Ursachen und Folgen** des Geschehens (logische Zusammenhänge) auf.

Aufgabe 7

Ordne die übriggebliebenen Notizen aus Aufgabe 6 durch Nummerieren so, dass das Geschehen in der richtigen zeitlichen Reihenfolge dargestellt wird.

Lösungshilfe Zusammenhänge sprachlich verdeutlichen
Um das Geschehen gut nachvollziehen können, ist es wichtig, die zeitliche Reihenfolge und die logischen Zusammenhänge deutlich zu machen. Hierbei sind vor allem Konjunktionen und Adverbien nützlich.
Mit **Konjunktionen** kannst du Sätze verbinden und so Zusammenhänge klarer herausarbeiten.

Die Fliesen waren feucht. Sara rutschte aus.
Weil die Fliesen feucht waren, rutschte Sara aus.

Adverbien wie *deshalb, daher, darum, danach, währenddessen* stellen ebenfalls logische und zeitliche Zusammenhänge zwischen Sätzen her.

Die Fliesen waren feucht. Sara rutschte aus.
Die Fliesen waren feucht, deshalb rutschte Sara aus.

Aufgabe 8

Setze passende Adverbien und Konjunktionen aus dem Wortspeicher ein, um die zeitliche Reihenfolge und die logischen Zusammenhänge aufzuzeigen.

da - sodass - deshalb - nachdem - dabei - weil -
als - bevor - währenddessen - dann

Am Montag, den 21. April kam es gegen 14.15 Uhr in der Eingangshalle der Gesamtschule Friedenstal zu einem Unfall, an dem die Schülerinnen Sara Schnell aus der Klasse 5b und Melanie Groß aus der Klasse 11b beteiligt waren.

_______ Sara nach dem Ende der 7. Stunde ihren Bus erreichen wollte, rannte sie eilig die Treppen hinunter. _______ wischte Frau Sauber gerade den Eingangsbereich des Schulhauses. Die Fliesen waren noch feucht, _______ rutschte Sara vor der Eingangstür aus. Sie stieß mit Melanie Groß zusammen, _______ diese gerade das Gebäude betreten wollte. _______ ließ Melanie ihren MP3-Player fallen. _______ prallte Sara mit dem linken Arm gegen den geöffneten Flügel der Eingangstür. ______________ Sara über starke Schmerzen im linken Arm klagte, verständigte ihr Mitschüler Franz Schlau das Sekretariat. Die Schulsanitäter wurden gerufen und versorgten Saras Arm, ______________ sie den Notarzt alarmierten.

______________ Sara ins Stadtkrankenhaus eingeliefert worden war, wurde ihr Arm geröntgt. Sie hatte eine Prellung am linken Ellenbogen erlitten, ______________ ihr ein Verband angelegt werden musste. Die Kosten für den MP3-Player in Höhe von 90 Euro erstatteten Saras Eltern.

Aufgabe 9

Verbinde die Sätze mithilfe der Konjunktionen aus dem Wortspeicher, um die zeitlichen und logischen Zusammenhänge zu verdeutlichen.

Beispiel: Die Straße war glatt. Herr Maier konnte nicht mehr bremsen.
Weil die Straße glatt war, konnte Herr Maier nicht mehr bremsen.

als – während – sodass – weil – obwohl

a) Ein Kind rannte auf die Fahrbahn. Frau Weiß musste ausweichen.

____

____

b) Die Ampel schaltete auf Grün. Sophie konnte losfahren.

____

c) Ein Baum verdeckte die Sicht. Andreas konnte das Auto nicht sehen.

____

____

d) Die Ampel zeigte Rot. Der Motorradfahrer überquerte die Kreuzung.

____

____

e) Frau Weiß wartete an der Ampel. Der Verkehr rauschte vorbei.

____

Lösungshilfe Sachlich formulieren
Ein Bericht muss klar und sachlich formuliert sein. Wenn sich Beteiligte und Zeugen „im Eifer des Gefechts“ unsachlich oder umgangssprachlich ausdrücken, dürfen solche Äußerungen nicht wörtlich übernommen werden.

Aufgabe 10

Hier äußert sich ein Zeuge zu einem Fahrradunfall. Formuliere die Aussagen des Zeugen so um, dass sie in einem sachlichen Bericht stehen können.

a) „Heinz bretterte mit seinem Rad mit Karacho um die Kurve."

b) „Er schlitterte mit dem Rad wie verrückt auf dem Glatteis rum."

c) „Heinz rumste mit dem Kopf volle Kanne auf den Boden."

d) „Sein Knie blutete echt krass."

e) „Der Notarzt hat einen Druckverband aufs Knie draufgemacht."

Tipp Überlege noch einmal, was dir bei den Aufgabenstellungen dieser Trainingsarbeit leicht fiel und was nicht. Gibt es beim Bericht noch etwas, das du besonders üben solltest – z. B. mithilfe deines Schulbuchs oder einer Lernhilfe?

Du hast 60 Minuten Zeit.
Angefangen um: ______ Beendet um: ______

Thema der Arbeit
Nach Zeugenaussagen einen Unfallbericht schreiben

Aufgabe
Verfasse anhand der Zeugenaussagen einen Unfallbericht. Wende dabei das an, was du in der Trainingsarbeit geübt hast. Erstelle zunächst mithilfe der W-Fragen einen Schreibplan.

Es ist Mittwoch, der 4. Juni. In der Klasse 5c des Gymnasiums Hummelsbüttel rufen alle wild durcheinander, um dem Klassenlehrer, Herrn Bauer, zu berichten, was am Vortag passiert ist.

Manuel Völler: Das wäre alles nicht passiert, wenn Simon Baller nicht gestern in der Mittagspause vor der 7. Stunde auf die grandiose Idee gekommen wäre, im Klassenzimmer das Elfmeterschießen der deutschen Nationalmannschaft nachzuspielen! Na ja, und Hannes hatte ja den Ball dabei, da waren wir Jungs gleich Feuer und Flamme ...

Herr Bauer: Ich habe euch doch schon letzte Woche gesagt, dass ihr im Klassenzimmer nicht Ball spielen dürft, auch nicht, wenn noch kein Lehrer im Klassenzimmer ist! Und Frau Hufmann hat mir erzählt, dass sie euch schon vor zwei Wochen das Ballspielen im Gebäude verboten hat! Lest doch mal die Hausordnung!

Pauline Schmeichel: Also, ich fand die Idee echt witzig. Dass das so schiefgeht, hätte ich nicht gedacht. Normalerweise treffen die Jungs ganz gut.

Sara Engel: Als Lena und ich euch gewarnt haben, habt ihr uns gleich als „Spielverderber“ beschimpft! Dabei ist doch klar, dass das gefährlich ist. So ein Schwachsinn, die Tafel als Tor! Und jetzt ist der Overheadprojektor kaputt und Steffen Lehmann hat einen Gips, weil sein Arm gebrochen ist.

Simon Baller: Ich weiß gar nicht, was ihr alle habt. So schlimm ist die Sache doch auch wieder nicht! Steffens Arm kommt ja wieder in Ordnung. In vier Wochen ist er den Gips los. Dann kann er bei meiner Fußballmannschaft Torwart werden, wenn er will. Der spielt ja echt mit vollem Einsatz! War eben ein blöder Zufall, dass ich mit dem Ball den Projektor treffe und der dann auf Steffens Arm drauffällt. Natürlich war das keine Absicht.

Rudi Müller: Wir wollten schließlich gewinnen, da muss man schon mal ordentlich draufhauen. Simon hat das Tor - ich meine die Tafel - nur knapp verfehlt, der Projektor stand so blöd im Weg. Dass Steffen sich auf den Boden wirft, weil er den Ball halten will, und dass dann das Gerät ausgerechnet auf seinen Arm fällt, konnte doch keiner ahnen.

Vera Herz: Steffens Arm ist richtig von dem Projektor eingequetscht worden. Er konnte ihn gar nicht mehr bewegen, der war voll geschwollen. Das ist viel schlimmer als die kaputte Glasplatte von dem Projektor! Gut, dass Sara die Schulsanitäter geholt hat. Die haben den Arm dann gekühlt, bis der Notarzt kam und Steffen ins Stadtkrankenhaus gebracht hat.

Sara Engel: Der Overheadprojektor ist völlig im Eimer! Die Firma hat ihn vorhin abgeholt und der Mann hat gemeint, dass eine neue Platte mindestens 100 Euro kostet.

So kannst du deine Arbeit auswerten

Um noch einmal zu überprüfen, ob du bei deinem Bericht an alles Wichtige gedacht hast, kannst du die Checkliste im Lösungsheft schrittweise durchgehen. Wenn du feststellst, dass du in deinem Text etwas Wesentliches vergessen hast, ergänze es noch.

Thema der Arbeit
Einen Vorgang beschreiben

Bei der Vorgangsbeschreibung handelt es sich um eine Sachtextform, die in unserem Alltag eine große Rolle spielt: Gebrauchsanweisungen, Rezepte, Wegbeschreibungen, aber auch Bastel- und Spielanleitungen lesen wir, um uns ein Vorgehen schrittweise erklären zu lassen. Damit diese Texte hilfreich sind, müssen sie bestimmte Anforderungen erfüllen, die in dieser Trainingsarbeit noch einmal wiederholt und geübt werden.

Wie bereitest du dich vor?
Die Übungen dieser Trainingsarbeit sind so aufgebaut, dass sie die Vorarbeiten für eine Vorgangsbeschreibung bilden. In der Testarbeit geht es dann darum, eine vollständige Bastelanleitung zu verfassen, die du anschließend selbst mithilfe einer Checkliste überprüfen kannst.

Lösungshilfe **Merkmale der Vorgangsbeschreibung**
Die einzelnen Schritte müssen **vollständig** und in **richtiger Reihenfolge** dargestellt werden, damit die Leser sie nachvollziehen und selbst durchführen können. Trotz der dazu nötigen **Genauigkeit** bleibt die Beschreibung auf das **Wesentliche** beschränkt. Sie enthält **keine Gefühle** oder **Wertungen.**
Es werden **präzise Formulierungen** und **geeignete Fachbegriffe** verwendet.
Da die Vorgangsbeschreibung zeitlich unbegrenzt gültig ist, steht sie im **Präsens.**

Aufgabe 1
Jan hat im Englischunterricht erfahren, wie man eine Vokabelkartei anlegt und zum Lernen nutzt. Am Nachmittag teilt er seiner Mutter Folgendes darüber mit:

„Also, wenn man die Wörter im letzten Fach kann, dann darf man sie herausnehmen, weil man sie wahrscheinlich nicht mehr vergisst. Man braucht sie dann nie mehr zu wiederholen. Das ist das Beste. Am größten ist das erste Fach, fast die Hälfte des Kastens. Dort müssen die neuen Wörter rein und gelernt werden. Im zweiten Fach landen alle Vokabeln, die man kann, die anderen bleiben ganz vorne drin. Wir müssen diesen Kasten anlegen und damit lernen, nicht mit einem Vokabelheft. Übrigens hat Frau Schneider gesagt, dass der Kasten 30 cm lang sein soll und 11 cm breit, glaube ich. Dann passen Kärtchen in der Größe A7 rein. Man kann das alles selbst basteln oder kaufen. Basteln find' ich blöd, ich will das lieber kaufen. Basteln hat mir schon in der Grundschule keinen Spaß gemacht! Vielleicht kann man den Karteikasten ja mit Aufklebern verzieren oder was draufmalen. Das fände ich cool. Malen kann ich ja. Auf meine letzte Zeichnung hab' ich wieder 'ne gute Note gekriegt. Du weißt schon, das Bild zu dem Märchen, das wir gelesen haben.

Na ja, jedenfalls hatte dieser Kasten fünf Fächer, die nach hinten hin immer kleiner werden, nur noch 8 cm und 5 cm und so weiter. Das ist so, weil man irgendwann die meisten Wörter weiß und nur noch ein paar nach hinten wandern, die man sich nicht merken kann. Die Karten in den Fächern 2 bis 5 muss man immer wieder durchkauen, in bestimmten Abständen, aber das interessiert dich jetzt bestimmt nicht. Zwischen den Fächern waren in dem Karteikasten Trennwände aus Pappe oder Plastik, das kann man machen, wie man möchte, hat Frau Schneider gesagt. Und auf die Karten muss man die Wörter draufschreiben. Auf eine Seite das englische Wort, auf die andere Seite das deutsche. Einen englischen Beispielsatz kann man auch noch dazuschreiben. Bis nächste Woche sollen wir das alles haben, damit's losgehen kann mit dem Vokabellernen mit System, sagt Frau Schneider. Ich bin ja mal gespannt, ob das auch wirklich funktioniert."

Jans Mutter hat die Ausführungen ihres Sohnes nicht so recht verstanden. Kein Wunder, denn er hat wichtige Merkmale einer gut nachvollziehbaren Beschreibung nicht beachtet. Wo hat Jan etwas falsch gemacht? Notiere zu jeder Fehlerbeschreibung entsprechende Textstellen, bei längeren Passagen nur Anfang und Ende der jeweiligen Stelle.

Jan drückt sich ungenau oder umgangssprachlich aus.

Also, rein,

Er stellt das Lernen mit der Vokabelkartei in der falschen Reihenfolge dar.

Jan wählt folgende Reihenfolge:

An manchen Stellen fehlt eine genaue Erläuterung oder ein Arbeitsschritt.

Jan benutzt falsche Zeitformen (Präteritum, Perfekt).

Gelegentlich kommt er vom Thema ab oder lässt Nebensächliches einfließen.

Jan bleibt nicht immer sachlich, sondern bringt seine Gefühle und seine Meinung zum Ausdruck.

Lösungshilfe **Sachlich und präzise formulieren**
Bei der Vorgangsbeschreibung kommt es darauf an, genau zu formulieren und nötige Fachwörter zu verwenden. Umgangssprache wird vermieden. Beschrieben wird durchgehend in sachlichem Stil, ohne dass Gefühle und Wertungen einfließen.

Aufgabe 2
Die Mutter hat darum gebeten, dass Jan ihr aufschreibt, wie das Lernen mit dem Karteikasten funktioniert. Dafür hat Jan zunächst unsortiert Formulierungen und Fachausdrücke gesammelt, die er in seiner Beschreibung verwenden kann.

a) Ordne diese Ausdrücke den angegebenen Überschriften zu.
b) Füge anschließend je eine weitere Formulierung hinzu.

(ab-)schreiben – ablegen (in) – Abteilung – auffrischen – beherrschen – beschriften (mit) – eintragen – entfernen – ergänzen – erneut durchgehen – im Zwei-Wochen-Rhythmus – jeden Tag – Kammer – können – lernen – mischen – monatlich – nach zwei Wochen – notieren – sich einprägen – sich erinnern an – Stapel – täglich – übertragen (auf) – umdrehen – vergessen – vertiefen – wöchentlich

Aufbau des Karteikastens	Erstellen der Karteikarten	Umgang mit den Karten

Lernvorgänge und -ergebnisse	Angaben zu Zeit und Dauer

Lösungshilfe **Abwechslungsreich formulieren**
Wie bei anderen Textformen ist es auch bei der Vorgangsbeschreibung wichtig, Wortwiederholungen zu vermeiden und die Satzanfänge abwechslungsreich zu gestalten.

Tipp Eine Übung zu abwechslungsreichen Satzanfängen findest du auf Seite 26.

Aufgabe 3

Ersetze bei den folgenden Sätzen aus verschiedenen Vorgangsbeschreibungen das Verb „machen“ durch treffendere Formulierungen. Manchmal musst du dazu mehr als nur das Verb verändern.

Beispiel: Man muss aus dem Bogen Papier acht gleich große Stücke machen.
Man muss den Bogen Papier in acht gleich große Stücke teilen.

Aus dem Orangensaft und der Sahne macht man eine Mischung.

Es ist wichtig, dass man an einem Ende des Fadens einen Knoten macht.

Mit den Enden des Bandes macht man eine Schleife.

Anschließend macht man aus dem Teig walnussgroße Kugeln.

Lösungshilfe Eine Vorgangsbeschreibung folgerichtig aufbauen
Auch eine Vorgangsbeschreibung gliedert sich in Einleitung, Hauptteil und Schluss. Diese Teile sind durch Absätze voneinander getrennt.
Im **Hauptteil** werden die einzelnen Arbeitsschritte vollständig und in der richtigen Reihenfolge dargestellt.

Tipp So kannst du die Anleitungen formulieren:
als Aussagesätze
Auf die Vorderseite schreibt man/schreibst du das englische Wort.
Auf die Rückseite wird die deutsche Übersetzung übertragen.
als Anweisungen
Schreibe das englische Wort auf die Vorderseite.

Aufgabe 4
Jan ist jetzt schon einen großen Schritt weiter: Er hat einzelne Arbeitsschritte notiert und in die richtige Reihenfolge gebracht.
Formuliere alle Stichwortgruppen zu vollständigen Sätzen aus und verfasse so einen klar aufgebauten Hauptteil. Verwende dazu Wörter und Ausdrücke aus Aufgabe 2 sowie aus dem folgenden Wortspeicher.

---

zunächst - zuerst - zu Anfang - als Erstes - später - im Anschluss (daran) - anschließend - danach - als Nächstes - schließlich - zuletzt - abschließend - in einem letzten Schritt - außerdem - zudem - überdies - zusätzlich - bevor - nachdem - wenn - weil - da - sodass - damit - indem

---

- Karteikasten Länge 30 cm, 4 Trennwände → 5 Fächer, 14, 8, 5, 2 und 1 cm groß
- Karteikarten: festes Papier oder Fotokarton, Blatt DIN A4 → 8 gleich große Teile (oder vorgefertigte Karteikarten DIN A7 kaufen)
- neue Vokabeln auf Karten: vorne englisches Wort (evtl. mit Beispielsatz, vielleicht später ergänzen), hinten deutsche Entsprechung(en), kommen in 1. Fach
- zum Lernen: täglich herausnehmen, durchgehen, ab und zu mischen, in beide Richtungen lernen; behaltene Wörter: Fach 2
- Fach 2: alle 3 Tage wiederholen; Fach 3: Wiederholung wöchentlich; Fach 4: alle 2 Wochen; immer gilt: Wörter, die man weiß → ein Fach nach hinten; Wörter, die man nicht weiß → Fach 1; Fach 5: einmal pro Monat durchgehen, gewusst → herausnehmen, da dauerhaft gelernt

Lösungshilfe **Eine Einleitung formulieren**
Damit du nicht mit der Tür ins Haus fällst, musst du mit einem einleitenden Gedanken zum eigentlichen Thema hinführen. Je nach Art der Vorgangsbeschreibung gibt es dafür verschiedene Möglichkeiten. Beispiele zeigt die nächste Aufgabe.

Tipp Präge dir die Formen ein, damit du bei einem Aufsatz diejenige auswählen kannst, die am besten geeignet ist.

Aufgabe 5

Was gehört hier zusammen? In der linken Spalte findest du Erläuterungen zu verschiedenen Arten von Einleitungen einer Vorgangsbeschreibung. Ordne jeder das passende Beispiel aus der rechten Spalte zu.

	Art der Einleitung		Beispiel
1	Die Vorgangsbeschreibung ist aus einem bestimmten Anlass verfasst, auf den in der Einleitung eingegangen wird.	A	*Selbstverständlich kann man einen Kasten für eine Vokabelkartei kaufen, man kann ihn aber auch selbst herstellen. Dafür benötigt man folgende Materialien, die alle im Schreibwarenhandel erhältlich sind: ...*
2	In der Einleitung werden bestimmte Adressaten genannt, für die die Vorgangsbeschreibung verfasst ist.	B	*Im Laufe dieses Schuljahres wird es mehrere Vokabeltests geben, bei denen neben den neuen Wörtern auch Vokabeln vorkommen, die bereits vor längerer Zeit durchgenommen wurden. Um einen langfristigen Lernerfolg zu sichern, hat sich die Verwendung einer Vokabelkartei bewährt ...*
3	Es handelt sich um eine Bastelanleitung oder ein Kochrezept, deshalb ist eine Zutaten- oder Materialliste an den Anfang stellt.	C	*Sicher hast du dir von einem Elternteil oder einer Lehrkraft erklären lassen, wie man ein Vokabelheft am besten verwendet. Es gibt aber eine weitere Methode, um ...*
4	Die Einleitung knüpft an einen bereits bekannten Vorgang an und führt mit einem Verweis auf diese Grundlage zum Thema hin.	D	*Immer wieder klagen Schülerinnen und Schüler darüber, dass es ihnen nur eingeschränkt gelingt, den notwendigen Wortschatz einer Fremdsprache zu behalten und in Testsituationen anzuwenden. Damit dieses Problem ...*

Es gehören zusammen: 1 ___ 2 ___ 3 ___ 4 ___

Lösungshilfe **Einen Schluss formulieren**
Wie bei jeder Aufsatzform darf dein Text auch bei der Vorgangsbeschreibung nicht unmittelbar nach dem Hauptteil enden, sondern muss mit einem knappen Schluss abgerundet werden. Auch dafür gibt es bei der Vorgangsbeschreibung verschiedene Möglichkeiten. Beispiele findest du in der nächsten Aufgabe.

Tipp Präge dir die verschiedenen Schlussformen ein, damit du bei einem Aufsatz diejenige auswählen kannst, die dir am besten geeignet erscheint.

Aufgabe 6

a) Was gehört hier zusammen? In der linken Spalte findest du Erläuterungen zu verschiedenen Arten von Schlussteilen einer Vorgangsbeschreibung. Ordne jeder den passenden Inhalt aus der rechen Spalte zu.

	Art des Schlusses		Inhaltlicher Kern
1	Als Abschluss können Tipps zur Erweiterung oder Veränderung gegeben werden.	A	*mehrmalige Wiederholung von Lerninhalten: langfristiges Lernen wird gefördert, Wissen wird im Gedächtnis verankert*
2	Es wird auf mögliche Folgen und Auswirkungen hingewiesen oder auch vor eventuellen Gefahren gewarnt.	B	*Verwendung der Kärtchen auch für Fachbegriffe, z. B. aus der Grammatik oder Biologie: Vorderseite Fachbegriff, Rückseite Erläuterung*
3	Weitere Möglichkeiten zur Nutzung eines Gerätes oder Gegenstandes können kurz erläutert werden.	C	*Karteikarten laminieren, um sie haltbarer zu machen; verschiedenfarbige Karten für unterschiedliche Wortarten verwenden (Verben: grün, Substantive: blau usw.)*
4	Man kann auf ähnliche oder ergänzende Verfahrensweisen hinweisen.	D	*weitere Methode für abwechslungsreiches Lernen: Lernplakat anfertigen (kurze Erklärung anfügen)*

Es gehören zusammen: 1 ____ 2 ____ 3 ____ 4 ____

b) Formuliere für die Gebrauchsanweisung zur Lernkartei einen dieser Schlussgedanken in drei bis vier Sätzen aus und schreibe sie auf ein Blatt.

Bist du bereit für die Testarbeit?
Du hast diese Trainingsarbeit sorgfältig durchgearbeitet? Dann kannst du jetzt mit der folgenden Testarbeit überprüfen, ob du für eine Klassenarbeit zum Thema Vorgangsbeschreibung gut gerüstet bist.

Du hast 60 Minuten Zeit.
Angefangen um: Beendet um:

Thema der Arbeit
Einen Vorgang beschreiben

Aufgabe
Eine Freundin hat dich in einem Brief gebeten, ihr eine Bastelanleitung für eine Mandarinenleuchte zu schicken, damit sie ihrer Mutter ein solches Windlicht schenken kann.
Lege für diese Vorgangsbeschreibung zuerst einen Stichwortzettel an.

Stichwortzettel
Einleitungsgedanke
vollständige Materialliste: ...
Arbeitsschritte (in der richtigen Abfolge oder nachträglich nummeriert)
– *Mandarine mit dem Messer quer in der Mitte durchschneiden*
– *die Frucht ...*
Schlussgedanke ...

So kannst du deine Arbeit auswerten
Um dein Ergebnis noch einmal zu überprüfen, kannst du die Checkliste zur Vorgangsbeschreibung im Lösungsheft schrittweise durchgehen. Wenn du feststellst, dass du in deinem Text etwas Wichtiges vergessen hast, ergänze es noch.

Jahrgangsstufentest Deutsch

In der 6. Klasse - zum Teil schon zu Beginn des Schuljahres - schreiben viele Schüler einen Jahrgangsstufentest im Fach Deutsch, dem auch das Grundwissen der 5. Klasse zugrunde liegt. Er ist in vier Kompetenzbereiche unterteilt: Textzusammenfassung und Textverständnis, Ausdrucksvermögen, Formale Sprachbeherrschung (Grammatik) sowie Rechtschreibung und Zeichensetzung. Auf den nächsten Seiten findest du Aufgaben aus all diesen Bereichen.
Mit ihnen kannst du deine Kenntnisse überprüfen und dich mit den Fragestellungen vertraut machen, die dir in einem solchen Deutschtest begegnen können.

Zur Punktevergabe

Damit du ruhig und konzentriert an die Aufgaben herangehst, findest du in jedem Teil zuerst eine Aufwärmübung, für die es keine Punkte gibt.
Wenn du dann alle Testaufgaben bearbeitet hast, kannst du mithilfe des Lösungsteils deine Punktzahl bestimmen und feststellen, bei welchen Aufgabentypen du noch mehr Übung oder Vorbereitung benötigst.

Tipp Lies vor der Bearbeitung die Aufgabenstellung sorgfältig. Manchmal sind Kleinigkeiten entscheidend, denn es ist ein Unterschied ob du „die richtige Antwort“ oder „die richtigen Antworten“ markieren sollst.

Teil 1: Textzusammenfassung und Textverständnis

Übung zum Aufwärmen

Hier fehlen die folgenden Wörter.
Setze sie wie im Beispiel an den passenden Stellen in den Text ein.

als - andere - aus - dass - es - man - mehreren - nicht - zu

man

Als Haus- oder Heimtiere bezeichnet | diejenigen Tiere, die von Menschen unterschiedlichen Gründen im Haus oder in der Wohnung gehalten werden: Manchen Menschen bereitet Freude, den Wellensittichen im Käfig zuzuhören, finden es interessant, die Verhaltensweisen ihrer Katze zu beobachten. Vielen Eltern erscheint es wichtig, Kinder zusammen mit Tieren aufwachsen und mit ihnen umzugehen lernen. Außerdem wollen viele Menschen einfach allein leben und betrachten ihren Hund oder ihre Katzen „Familien-Ersatz“. Schließlich wären noch die Züchter nennen. Oft ist es aber eine Kombination dieser Gründe, weshalb Haustiere gehalten werden.

> **Tipp** Lies die Textvorlage zunächst aufmerksam durch. Du solltest zwar zügig lesen, dir aber dennoch genug Zeit nehmen, um alles zu verstehen. Markiere mit einem Bleistift Textstellen, die dir besonders wichtig erscheinen. Falls dir etwas unklar ist, lies noch einmal nach, bevor du die Aufgaben bearbeitest.

Wenn Tiere ein Zuhause suchen

1 Hilde versteht die Welt nicht mehr. Die Terrier-Hündin war gerade geboren, da hatten ihre Besitzer nur eines im Sinn: die Kleine so schnell wie möglich loszuwerden. Mit gerade mal vier Wochen landete Hilde auf der Straße – ausgesetzt! Hilflos tapste der Winzling umher, bis mitleidige Spaziergänger ihn ins Heim des Hamburger Tierschutzvereins brachten. Dort wohnt Hilde jetzt im Welpenhaus. Und wartet mit Kulleraugen darauf, dass jemand ihr eine neue Chance gibt.

2 Die mehr als 80 Mitarbeiter des Tierheims in der Süderstraße könnten unzählige solcher traurigen Geschichten erzählen. Ihr Heim ist eines der größten Tierschutzzentren Europas: eine 40 000 Quadratmeter große „Rettungsinsel“ für all jene Tiere, die niemand mehr will. 24 Stunden am Tag, 365 Tage im Jahr sorgen die Helfer für ihre verlassenen Schützlinge.

3 Zuerst müssen sie zum Arzt. Der heutige Patient gibt vor Angst keinen Mucks von sich. Mit todtraurigem Blick lässt der Schäferhund-Mischling die Untersuchung über sich ergehen und zuckt auch nicht, als Tierärztin Urte Hitzer ihm eine Spritze mit einer Impfung ins Fell drückt: „Neulinge wie dieser Rüde werden in den ersten sieben Tagen nicht weitervermittelt. Wenn er Glück hat, kommt in dieser Zeit der Besitzer, um ihn abzuholen. Wenn nicht, suchen wir ein neues Herrchen für ihn“, sagt die Ärztin und krault den Mischling aufmunternd.

4 Die Tiere kommen aus den unterschiedlichsten Gründen in die Süderstraße. Kaninchen Gerry etwa: Seine Familie zog um – und Tiere waren in der neuen Wohnung nicht erlaubt. Zwergente Schnatterinchen wurde abgegeben, weil der Besitzer sich vor der Vogelgrippe fürchtet. Viele Hunde sind hier, weil die Herrchen mit der Erziehung ihres Vierbeiners überfordert waren. Andere Tiere verloren ihr Zuhause, als ihr Halter starb. Meist stimmen diese Geschichten. Manchmal aber auch nicht. Manchmal kommen Menschen in die Süderstraße, die behaupten, eine Katzenhaar-Allergie zu haben – in Wirklichkeit ist ihnen ihr Vierbeiner aber einfach lästig geworden. Ganz Dreiste geben einen Hund ab und behaupten, sie hätten ihn irgendwo gefunden. In Wirklichkeit ist es ihr eigener. Im Kleintierhaus wird es vor allem im Frühjahr eng. „In dieser Zeit sind viele Tiere, die zu Weihnachten verschenkt wurden, plötzlich nicht mehr interessant und werden bei uns abgegeben“, sagt Tierpflegerin Sabine Pfeiffer.

5 Im Katzenhaus schlendern bereits die ersten Besucher von Käfig zu Käfig: Sie suchen ein Haustier, das zu ihnen passt. Auch das ist eine wichtige Aufgabe des Heimes – die Tiere sollen an neue Besitzer vermittelt werden. „Pro Woche finden wir

für 20 bis 40 Katzen ein neues Zuhause“, erzählt die Leiterin des Katzenhauses Hannelore Hischer. Trotz voller Käfige achten die Pfleger genau darauf, wem sie ihre Schützlinge anvertrauen. Jeder Bewerber muss einen Fragebogen ausfüllen und angeben, wie lange er jeden Tag arbeitet. Denn wer nur selten zu Hause ist, sollte sich weder Hund noch Katze, Kaninchen oder Meerschweinchen anschaffen - die brauchen Spielgefährten und Familienanschluss. Gesellige Vögel wie Wellensittiche gibt Sabine Pfeiffer sowieso nur als Pärchen ab. Und wer eine Schlange haben will, muss erst die Tierinspektoren des Heimes zu sich nach Hause lassen und ihnen zeigen, dass sein Terrarium groß genug ist.

6 Manche Tiere werden das Heim nie mehr verlassen: die 16 Jahre alte Katze Nelly etwa und Manfred, der Dalmatiner mit der schwachen Blase. Sie gehören zur „Rentnertruppe“ und werden nicht mehr abgegeben. Die kleine Hilde dagegen hat ihr ganzes Leben noch vor sich. Sehnsüchtig wartet sie auf jemanden, der ihr mit viel Liebe beweist, dass der Mensch auch der beste Freund eines Hundes sein kann.

Text von Sina Löschke aus: GEOlino extra Nr. 08/06 - Unsere Tiere

> **Tipp** Achte bei den folgenden Aufgaben genau auf die Anzahl der Kreuze, die du setzt! Es dürfen nicht mehr sein, als angegeben wird, aber auch nicht weniger. Zu viel Angekreuztes ergibt einen Punktabzug.

Aufgabe 1

Kreuze insgesamt sechs Aussagen an, die Inhalte der Abschnitte richtig wiedergeben.

Abschnitt 3 (Z. 13 - 19)

- ☐ Die Tiere sind bei der Untersuchung immer sehr friedlich.
- ☐ Neuzugänge im Tierheim werden zunächst medizinisch versorgt.
- ☐ Innerhalb der ersten Woche wartet man im Tierheim, ob der rechtmäßige Besitzer des Tieres sich meldet.
- ☐ Die Tierärztin gibt dem Hund verschiedene Medikamente.
- ☐ Das Personal des Tierheims sucht nach dem Besitzer des Hundes.

Abschnitt 4 (Z. 20 - 32)

- ☐ An Weihnachten kommen vor allem Kleintiere ins Tierheim an der Süderstraße.
- ☐ Gelegentlich bringen die Besitzer selbst ihre Haustiere ins Tierheim.
- ☐ Manchmal werden Tierhalter krank und können sich nicht mehr um den Vierbeiner kümmern.
- ☐ Für viele Hunde ist die Erziehung ihrer Herrchen zu streng.
- ☐ Immer wieder lügen Menschen, um ihr Haustier im Tierheim loszuwerden.

Abschnitt 5 (Z. 33 – 44)	☐	Nicht jeder, der sich für ein bestimmtes Tier interessiert, bekommt es auch.
	☐	Mit einem Hausbesuch wird bei allen Bewerbern überprüft, ob sie für eine Tiervermittlung in Frage kommen.
	☐	Man muss nachweisen, dass man einen Arbeitsplatz hat, wenn man ein Tier aus dem Heim haben möchte.
	☐	Die meisten Vierbeiner leiden unter zu langem Alleinsein.
	☐	Wellensittiche werden nicht an Leute abgegeben, die allein leben.

Meine Punktzahl: ☐ /6

Aufgabe 2

In welchen Abschnitten des Textes findest du Informationen zu den folgenden Bereichen? Setze insgesamt sechs Kreuze.

a) Aufgaben und Tätigkeit der Mitarbeiter im Tierheim

☐ Abschnitt 1 ☐ Abschnitt 2 ☐ Abschnitt 3

☐ Abschnitt 4 ☐ Abschnitt 5 ☐ Abschnitt 6

b) Das Leben und das Schicksal einzelner Tiere

☐ Abschnitt 1 ☐ Abschnitt 2 ☐ Abschnitt 3

☐ Abschnitt 4 ☐ Abschnitt 5 ☐ Abschnitt 6

Meine Punktzahl: ☐ /6

Aufgabe 3

Vervollständige die beiden Satzanfänge so, dass – bezogen auf den Text – insgesamt vier sinnvolle Sätze entstehen.

a) Die Tierärztin Urte Hitzer

☐ gehört zu den über 80 Mitarbeitern des Hamburger Tierschutzvereins.
☐ kümmert sich 24 Stunden am Tag um verlassene und kranke Tiere.
☐ wird auch als Tierinspektorin für Hausbesuche eingesetzt.
☐ behandelt den Schäferhund-Mischling sehr nett.

b) Die Terrier-Hündin Hilde

☐ ist noch sehr jung.
☐ wurde auf der Straße gefunden.
☐ gehört zur „Rentnertruppe“.
☐ wurde am Tag nach ihrer Geburt ausgesetzt.

Meine Punktzahl: ☐ /4

Aufgabe 4

Auf der Homepage eines Tierheimes in der Nähe deines Wohnortes hast du folgende Informationen gefunden:

Tiervermittlung im Tierheim

von Donnerstag bis Montag, jeweils von 14.00 bis 17.00 Uhr. Dienstag und Mittwoch können leider keine Tiere vermittelt werden

✆ 91 65 98 (zu den Vermittlungszeiten besetzt)

Für Notfälle ist das Tierheim rund um die Uhr besetzt.
Bedenken Sie jedoch, dass der Notdienst außerhalb der Vermittlungszeiten nur aus einer Person besteht, die das Tierheim nicht verlassen kann. Ein Fundtier können Sie in dieser Zeit zwar abliefern – das Abholen ist jedoch nicht möglich. Falls Ihnen ein Tier entlaufen ist, melden Sie den Verlust Ihres Tieres umgehend bei der Vermisstenstelle des Tierheimes:

Werktags von 9.00 - 12.00 Uhr und 14.00 - 17.00 Uhr
✆ 91 84 90

Wenn Sie Mitglied im Tierschutzverein werden wollen, können Sie sich den Mitgliedsantrag hier herunterladen und uns dann per Post oder Fax zusenden. Der Jahresbeitrag beträgt 48,–€. Reduzierte Beiträge für bestimmte Personengruppen (auf Anfrage).

Gassi gehen mit den Hunden

Jeden Tag: morgens von 8.00 bis 11.30 Uhr

***

Dienstag und Mittwoch: nachmittags von 15.30 bis 18.30 Uhr

***

Donnerstag bis Montag: nachmittags von 16.30 bis 18.30 Uhr

Überprüfe die folgenden Aussagen anhand des Textes und kreuze das Zutreffende an.

Tipp Bedenke, dass eine Aussage nur **richtig, falsch** oder **nicht im Text enthalten** sein kann. Du darfst also nie in einer Zeile zwei Kreuze setzen!

	richtig	falsch	nicht enthalten
a) Die Vermisstenstelle des Tierheimes ist täglich von 9.00 bis 12.00 Uhr und von 14.00 bis 17.00 Uhr zu erreichen.			
b) Ein Tier, das dir zugelaufen ist oder das du gefunden hast, kannst du jederzeit zum Notdienst des Tierheims bringen.			
c) Jugendliche bezahlen einen geringeren Jahresbeitrag für ihre Mitgliedschaft im Tierschutzverein als Erwachsene.			
d) Du kannst täglich von 17.30 Uhr bis 18.30 Uhr mit deinem Lieblingshund Gassi gehen.			
e) Man kann jederzeit anrufen, um einen Termin für eine Tiervermittlung zu vereinbaren.			
f) Den Mitgliedsantrag kann man gleich online ausfüllen und per E-Mail an den Tierschutzverein schicken.			

Meine Punktzahl: ___ /6

Meine Gesamtpunktzahl für Teil 1: ___ /22

Teil 2: Ausdrucksvermögen

Übung zum Aufwärmen

Finde die zehn in waagrechter, senkrechter und diagonaler Richtung versteckten Adjektive und ordne sie zu fünf Gegensatzpaaren.

1		
2		
3		
4		
5		

W	A	R	B	O	T	E	U	E	R
G	I	L	I	R	S	U	E	R	T
M	N	A	S	E	F	Q	Z	U	R
T	E	U	R	A	S	N	B	R	O
W	O	T	L	W	E	I	E	K	C
I	C	H	A	L	L	U	G	I	K
N	K	R	M	L	I	E	S	F	E
Z	M	E	I	T	E	B	I	Z	N
I	N	G	P	F	N	A	S	S	T
G	U	B	K	A	L	T	R	O	E

Tipp Bei der Suche nach passenden Begriffen hilft es manchmal, sich eine Situation bildlich vorzustellen: Wenn du jemanden in Eiseskälte frieren siehst, kannst du dir sicher auch das Gegenteil davon vorstellen: in brütender Hitze schwitzen. Falls dir dennoch kein passender Ersatz für ein Wort einfällt, halte dich nicht zu lange bei einer Aufgabe auf!

Aufgabe 1
Ersetze in den folgenden Sätzen das unterstrichene Wort jeweils durch einen Begriff mit gleicher Bedeutung (Synonym), der genau in den Satzzusammenhang passt.

a) Hilde versteht ( ) die Welt nicht mehr. (Zeile 2)

b) [...] da hatten ihre Besitzer nur eines im Sinn: die Kleine so schnell ( ) wie möglich loszuwerden. (Zeile 2/3)

c) Seine Familie zog um – und Tiere waren in der neuen Wohnung nicht erlaubt ( ). (Zeile 21/22)

d) „In dieser Zeit sind viele Tiere, die zu Weihnachten verschenkt wurden, plötzlich nicht mehr interessant ( ) und werden bei uns abgegeben“, sagt Tierpflegerin Sabine Pfeiffer. (Zeile 30 - 32)

e) Im Katzenhaus schlendern ( ) bereits ( ) die ersten Besucher von Käfig zu Käfig. (Zeile 33)

Meine Punktzahl: /6

Aufgabe 2
Finde einen Ausdruck, der das Gegenteil des unterstrichenen Wortes bedeutet (Antonym), und schreibe ihn in die rechte Spalte.

a) Die mehr als 80 Mitarbeiter des Tierheims in der Süderstraße könnten unzählige solcher traurigen Geschichten erzählen. (Z. 8/9)

b) Wenn er Glück hat, kommt in dieser Zeit der Besitzer, um ihn abzuholen. (Z. 17/18)

c) Trotz voller Käfige achten die Pfleger genau darauf, wem sie ihre Schützlinge anvertrauen. (Z. 37/38)

d) Denn wer nur selten zu Hause ist, sollte sich weder Hund noch Katze, Kaninchen oder Meerschweinchen anschaffen [...]. (Z. 39/40)

Meine Punktzahl: /4

Aufgabe 3
Unterstreiche im folgenden Text die fünf umgangssprachlichen Ausdrücke und schreibe ihre normalsprachliche Entsprechung in die rechte Spalte. Der Sinn des Textes darf nicht verändert werden.

Jan erzählt von einem Besuch im Tierheim: „Das war
voll interessant! Unglaublich, wie viele Tiere dort sind –
und sogar Spinnen und Schlangen! Leider hat der Typ,
der uns durchs Tierheim geführt hat, so viel gelabert!
Ich hätte viel lieber noch länger in Ruhe die Tiere beob-
achtet, aber der hat die ganze Zeit mit seinen Erklärun-
gen genervt. Trotzdem war's stark, vor allem, als ich
eine Schlange festhalten durfte!"

Meine Punktzahl: /5

Aufgabe 4
In vielen Redewendungen und Sprichwörtern kommen Tiere vor. Ergänze die Sätze mit dem jeweils korrekten Wort aus dem Wortspeicher. Achtung: Manche Wörter musst du in den Plural oder den passenden Kasus setzen!

Bär – Dachs – Elefant – Frosch – Fuchs – Gans – Hirsch – Huhn – Hund – Löwe – Maulwurf – Nilpferd – Reh – Schlange – Tiger – Wolf – Zebra

a) Du benimmst dich immer wie ein ______ im Porzellanladen!

b) Bellende ______ beißen nicht.

c) Mein Großvater ist blind wie ein ______ – er kann fast gar nichts mehr sehen.

d) Da musst du wohl in die Höhle des ______ gehen – aber er wird dich schon nicht fressen!

e) Auch ein blindes ______ findet mal ein Korn.

Meine Punktzahl: /5

Meine Gesamtpunktzahl für Teil 2: /20

Teil 3: Formale Sprachbeherrschung (Grammatik)

Tipp Auf diesen Kompetenzbereich kannst du dich gezielter vorbereiten als auf die beiden vorhergehenden. Du solltest die grammatischen Fachbegriffe und ihre Bedeutungen beherrschen. Außerdem kannst du ihre Anwendung üben, um an Sicherheit zu gewinnen. Wiederhole beispielsweise Aufgaben, die du bereits im Unterricht oder als Hausaufgabe bearbeitet hast.

Übung zum Aufwärmen

Ordne die folgenden Fachbegriffe korrekt in die drei Spalten ein.

Präteritum - Subjekt - Temporaladverbiale - Präposition - Substantiv/Nomen - Prädikat - Präsens - Lokaladverb - Artikel - Dativobjekt - Numerale – Futur

Wortarten	Tempora	Satzglieder

Aufgabe 1

Bestimme, um welche Satzglieder es sich bei den unterstrichenen Wörtern handelt, und trage den Fachbegriff in die rechte Spalte der Tabelle ein.

Tiergarten Nürnberg: Fast ein Jahr nach ihrer Geburt gehört <u>die Eisbärin „Flocke“</u> immer noch <u>zu den Publikumslieblingen</u>. Bis September 2008 hielt sie sich <u>vormittags und nachmittags</u> im Gehege auf, <u>die Mittagspause</u> <u>verbrachte</u> sie in ihrem Stall.

die Eisbärin „Flocke“	
zu den Publikumslieblingen	
vormittags und nachmittags	
die Mittagspause	
verbrachte	

Meine Punktzahl: ____ /5

Aufgabe 2

Ordne den unterstrichenen Wörtern die richtige Bestimmung der Wortart zu.

Tipp Trenne Wortarten von Satzgliedern, sodass du nicht etwas völlig Falsches ankreuzt. Mehr als ein Kreuz je Bestimmung darfst du selbstverständlich nicht setzen, aber du solltest in jedem Fall etwas ankreuzen.

Das Gelände des Nürnberger Zoos kann man unterteilen in Wald, Wasser und Wüste.	☐ Numerale ☐ Konjunktion	☐ Komparativ ☐ Artikel
Hier sind zahlreiche Tiere des tropischen Regenwaldes zu finden.	☐ Adjektiv ☐ Präposition	☐ Adverbiale ☐ Adverb
Es ist aber auch die Heimat für heimische Vogelarten und Säugetiere.	☐ Konjunktion ☐ Possessivpronomen	☐ Präposition ☐ Adverb
Landschaftlich ist der Nürnberger Zoo einer der schönsten Europas.	☐ Modaladverbiale ☐ Adjektiv	☐ Substantiv ☐ Prädikat

Meine Punktzahl: ☐ /4

Aufgabe 3

Unterstreiche im folgenden Text alle Nebensätze vollständig und eindeutig.

Wenn du deinen Geburtstag einmal etwas anders verbringen möchtest, kannst du deine Freunde zu einer Feier in den Nürnberger Zoo einladen. Angeboten werden eine Führung durch den Tiergarten, die etwa zwei Stunden dauert, und eine ganze Reihe weiterer spannender Aktivitäten, bei denen man viel Erstaunliches über die Zoobewohner erfahren kann. Wer seinen Gästen auch ein Mittagessen spendieren möchte, kann sie in die Gaststätte im Zoo einladen. Du solltest aber in jedem Fall daran denken, dass du alles vorher buchen musst.

Meine Punktzahl: ☐ /5

Aufgabe 4

Bestimme das Tempus der unterstrichenen Verben.

Man hat in Chicago ein Delphinarium gebaut (____________________),

das zum Vorbild für andere wurde. (____________________).

Meine Punktzahl: ☐ /2

Meine Gesamtpunktzahl für Teil 3: ☐ /16

Teil 4: Rechtschreibung und Zeichensetzung

Übung zum Aufwärmen

Unterstreiche im folgenden Text alle Wörter, die großgeschrieben werden müssen.

wer sagt denn, dass immer menschen die hauptfiguren in büchern und filmen sein müssen? sicher hast du auch schon einmal eine geschichte gelesen, in der ein tier eine wichtige rolle spielt. dann sind titel wie „rennschwein rudi rüssel“ wohl nichts neues für dich. dieses jugendbuch bietet einiges zum lachen, macht die leser aber auch an manchen stellen nachdenklich. es wurde auch mit großem erfolg verfilmt.

Aufgabe 1

Überprüfe im folgenden Text die Zeichensetzung. Setze fehlende Kommas ein und streiche überflüssige. Aber aufgepasst: Falsch gesetzte oder falsch gestrichene Kommas ergeben einen Punktabzug!

Auch außergewöhnliche Gäste landen manchmal im Tierheim: vier Vogelspinnen, oder sieben Rennpferde deren Besitzer ins Gefängnis musste. Vor wenigen Tagen, gab eine Frau über 80 Hausratten ab. „Und ein paar Weibchen haben uns gleich mit Nachwuchs überrascht!“ erzählt Tierpflegerin Sabine Pfeiffer als sie in der Küche des Hauses Möhren Paprika und Salat schnippelt – das Frühstück für die Ratten. Damit es nicht zu viel unerwünschten Nachwuchs gibt werden manche Bewohner des Kleintierhauses auch kastriert also unfruchtbar gemacht.

Meine Punktzahl: ___ /8

Aufgabe 2

Ergänze im folgenden Text den oder die fehlenden Buchstaben. Falls in eine Lücke nichts eingesetzt werden muss, kennzeichne das mit einem Strich.

Bei Fabeln handelt es sich um kurze Erzähltexte, in deren Mi___elpunkt Tiere stehen. Diese Tiere haben menschliche Fä___igkeiten und können sprechen wie wir. Indem sie sich wie Menschen bene___men, zeigen uns die Tiere unsere Schwächen und Fehler. In einer Fabel ist daher immer eine Le___re oder „Moral“ versteckt: Der Leser soll über sein eigenes Verha___ten nachdenken. Besonders viele Fabeln sind uns vom griechischen Fabeldichter Aesop überl___fert, wie zum Beispiel die folgende über „Die Ameise und die Grille“: Als der Winter gekommen war, h___lte die Ameise das Getreide aus ihrer Vorratskammer, das sie im Sommer gesammelt hatte. Hungrig fl___te die Grille sie an, ihr mit etwas Getreide auszuhelfen. „Was hast du denn im Sommer getan?“, wollte die Ameise wissen. „Ich habe die ganze Zeit über Musik gemacht und gesungen“, erw___derte die Grille. Da lachte die Ameise und spe___te ihr Korn wieder ein: „Wer im Sommer singt, der möge im Winter tanzen!“

Meine Punktzahl: ___ /10

Meine Gesamtpunktzahl für Teil 4: ___ /18